당신은 모르실 거야

당신은 모르실 거야

순 정 이 혜 소 원 이택민 정재이
썸 머 강민경 장혜영 진수빈 김예진
박수진 오수민 이새란 정모래 정현지

책포스

여는 글

나도 나를 잘 모르겠지만

　　네 개의 알파벳 조합으로 복잡다단한 인간을 대변할 수 있겠냐마는 효율을 추구하는 시대에 엠비티아이는 유행을 넘어 하나의 문화로 자리 잡은 듯하다.

　　우리는 종종 어색함을 이겨내기 위해 날씨 이야기를 하듯, 상대의 엠비티아이를 묻는다. 나는 어떠한가. '오, 저와 같네요. 아아, 그러시군요.' 하고 웃고 넘기지만, 어느 때에는 속으로 '아, 내가 싫어하는 유형이네. 너무 친해지면 안 되겠다'고 되뇌면서 은근히 상대를 예단하고 멀리하기도 한다.

　　여기 좀처럼 속마음을 터놓지 않는 이들이 있다. 카페 창가 자리에 앉아 유리창 사이로 스며든 한 줄기 빛을 보며 생각에 잠긴 사람이 있다. 공원 벤치에 앉아 하염없이 강아지를 기다리는 사람이 있다. 그때 그 말간 얼굴로 누군가를 향해 달려가는, 확신이 흔들리고 설득되는 순간을 기대하는 사람이 있다. 한 사람 한 사람이 모여 하나의 구체가 된다. 그리고 덜컹덜컹 소리를 내며 굴러간다. 나만 아는 슬픔, 나만 아는 아픔이라 여겼던 것들을 한데 모으면 그 슬픔과 아픔은 우리의 슬픔과 아픔이 된다. 나도 나를 잘 모르겠지만 앞으로 가고 있다. 여전히 당신을 잘 모르겠지만 위로받고 있다.

'과연 내가 좋은 사람인가?' 자문하는 사람이 있다. 사람들의 응원에도 나는 좋은 애가 아니라고 말한다. 롤링 페이퍼에 적힌 다정하다는 말을 보고 자신을 의심하고, 가벼운 칭찬에도 마땅한 대답이 떠오르지 않아 옅은 웃음으로 대신한다. 때때로 그 웃음이 오해를 사기도 하면서. 나 자신을 뒤돌아보는 마음은 얼마나 귀한가. 자꾸 뒤를 돌아보느라 앞으로 성큼 나아가지 못하는 모습은 제법 귀엽기도 하다. 그러니까, 주저하는 마음은 예쁘다.

나도 나를 잘 모르지만, 나에 대해 쓰게 되는 경우가 있다. 저는 이렇고요, 저는 요렇고요. 입이 무거운 탓에 쉽게 진심을 꺼내놓지는 못하더라도 이면지 뒤에 몰래 낙서하듯 적어낸다. 누군가 들추어보지 않을 거라는 믿음이 우리를 쓰게 하듯, 나를 이해 받을 거라는 일말의 희망이 우리를 쓰게 만든다. 그리고 그것을 '보낸 메일함'을 연신 들춰보듯 본다. 이미 지나가 버린 것을, 어쩔 수 없다는 걸 알면서도 본다. 그래, 지면은 마음이구나.

백지 위에 적어내는 글에는 나의 반듯한 글씨체와 같은 마음체를 사용해야 하는구나. 그래서 선뜻 입을 열지 않고 아무렇지 않게 소맷단을 올리지 못하는 거구나. 그것이 지난 얼굴들을 기억하는 우리들의 지난한 방법이자, 한 사람을 소화해 내는 방식이구나.

나와 같은 마음으로 살아가고 있을 누군가의 삶이 궁금했다. 나를 통해 너를 이해하고, 우리를 통해 나를 바라보는 시선이 생겼으면 했다. 주위를 둘러보며 나와 비슷한 성향을 가진 듯한 이들에게 말을 건넸다. 그렇게 15명의 인프제가 모인 만큼 또 다른 인프제 분들이 많이 나타나 주지 않을까? 하지만, 아직 한 자리가 남아있다. 통상 16가지로 나뉘는 성격 유형처럼, 마지막 16번째 자리는 이 책을 펼쳐 든 당신의 자리이다.

'당신의 엠비티아이는 무엇인가. 그 네 자리의 조합이 복잡미묘한 당신을 온전히 설명하는가. 이곳과 저곳 사이의 애매한 경계를 알파벳 하나로 대신하고 있진 않은가.' 스스로에게 질문을 던지길 바라는 마음이다. 그리고 한 편의 글을 쓰고 책을 엮은 내가 그랬듯, 가끔은 자신을 미워도 하고 질책도 해봤다가 결국엔 자신의 어깨를 쓰다듬는 용기와 위안을 얻었으면 한다. 내가 나를 너무 미워하지 않기를. 내가 나를 조금 더 감싸주고 사랑하기를.

무엇보다 나의 개인적인 바람에서 시작된 작은 기획에 소중한 마음을 꺼내놓고 지면을 허락해 준 필진 분들에게 감사하다. 그들이 아니었으면 나는 나를 모른 채 지냈을 것이다. 아마도 영원히. 그리고 나의 까탈스러운 요구에도 매번 멋진 그림을 그려주는 선영에게도 고맙다는 말을 잊지 않고 싶다. 인팁(INTP)인 그는 우리의 글을 다른 시선에서 봐주기도 했다.

　마지막으로 어디에선가 자신의 것을 묵묵히 해내고 있을 세상 모든 인프제에게 이 책을 바친다. 음, 아니, 인프제여도 좋고, 인프제가 아니어도 좋겠다. 인프제를 싫어한다면 더욱 좋다. 우리의 문장이 인프제의 마음을 대변해 주리라 믿는다. 아직 당신은 모르실 거야……

열다섯 인프제를 대표하여
이택민

필진의 추천곡이 담긴 인프제 플레이리스트

차례

여는 글
나도 나를 잘 모르겠지만   4

1부 각자의 그늘 안에서

순   정 · 인프제 관찰 일지   13

이   혜 · 사랑할 때 내 얼굴은   27

소   원 · 마음의 상미기한   41

이택민 · 몸에 새긴 말   55

정재이 · 당신은 모르실 거야   69

2부 수많은 선택의 끝에 다다른 곳은 바로 지금

썸   머 · 그대가 아는 것만큼 난 좋은 애가 아니에요   81

강민경 · 삶 위에서 균형 잡기   95

장혜영 · 이면지에 쓴 글   107

진수빈 · 얼굴들   125

김예진 · 인프제의 사랑   137

3부 사람은 기쁘고 아프다

박수진 · 사람이 무서운데, 사람을 좋아해요	149
오수민 · 회복의 이름	159
이새란 · 두 달의 법칙	169
정모래 · 좋은 사람이라서요	181
정현지 · 프리즘	193

인프제 플레이리스트 저자별 추천곡   202

1부

각자의 그늘 안에서

인프제 관찰 일지

순정

순정

말보다는 글을 쓰는 것이 더 편한 사람. 독서모임 커뮤니티 <써니사이드북>을 운영하고 있습니다.

"글씨가 마음에 들지 않아 다이어리를 찢어먹던 소녀는
이제 형사 수첩을 쓴다.
아주 휘갈겨 쓴다는 뜻이다. 필체를 바꾼 지도 오래다."

완벽주의

처음으로 내게 강박이 있다고 느꼈던 건 학생 때 다이어리를 꾸미면서부터였다. 어릴 때부터 글씨를 잘 쓴다는 이야기를 들어서였을까? 깨끗한 속지에 써 내려간 글씨가 조금이라도 마음에 들지 않으면 미련 없이 페이지를 찢어버리곤 했다. 다이어리를 쓸 때만큼은 성격이 대단히 안 좋았다. 이제 막 '다꾸'를 시작한 소녀들에게 페이지 리셋은 으레 있는 일이기도 했지만, 그렇게 페이지를 찢어버리고 나면 삐뚤빼뚤하게 찢긴 자리가 또 콧김을 잔뜩 나게 했다.

어른들은 고쳐 쓰겠다는 의미로 글씨 위에 선을 찍 긋는 방식으로 수정하는 것 같았다. 참고로 그런 일은 어떤 완벽주의 소녀에겐 애당초 있을 수 없는 일이었다. 다이어리를 쓸 때만큼은 화이트도 용납하지 않았다. 웃프게 기억나는 건, 절반을 찢어먹은 어느 해의 하드커버 다이어리다. 그렇게 종이를 많이 찢어낸 상태라면 속이 부실해 다이어리의 앞 커버와 뒤 커버로 캐스터네츠를

칠 수도 있었다. 이제 와 생각하면 웃음이 나는 일이지만 당시는 그 완벽하지 않음이 참 분했다.

완벽주의의 뿌리는 어른이 된 지금도 여전하다. 제발 대충 좀 하라며 내게 우는소리를 하는 친구도 있다. 언젠가 보았던 인프제 특 영상에는 이런 댓글이 있었다.
'여기 인프제만 모여있어서 그런지 맞춤법도 정확하고 댓글도 다 수정되어 있는 거 웃기다.'

정확한 한 줄이었다. 맞춤법 검사기를 돌려보는 사람. 수정이 가능한 글은 몇 번씩 들여다보면서 다시 고치는 사람. 그 사람이 바로 나였다. 맞춤법은 괜찮아도 띄어쓰기는 내가 잘 못하는 것 중 하나다. 그래서 맞춤법 검사기를 돌릴 뿐이다. 특히 일을 할 때면 체크가 필요한데, 메일을 쓸 때는 물론이고 또 중요한 카톡……. 생각해 보니 난 블로그를 쓸 때도 맞춤법 검사기를 돌린다! 어느 한번은 제대로 썼다고 생각하고 맞춤법 검사기를 돌린 적이 있었는데 이럴 수가. 또 오류가 있었다. 이래서 맞춤법 검사기를 못 끊는다니까. 메일을 보낼 때도 전송 버튼을 누르고 나면 호다닥 '보낸 메일함'으로 들어가서 방금 보낸 메일이 잘 갔는지를 체크한다. 내용도 두어 번 읽어보고 마음에 걸리는 게 없어야 그제야 창을 닫는다. 그러나 상대가 한동안 답장이 없으면 또 '보낸 메일함'에 들어가서 내가 보낸 메일을 뚫어져라 본다.

일기장

    이런 사람이 유일하게 마음을 놓는 곳이 있다면 그건 아마 일기장일 거다. 주로 마음이 복잡하거나 슬플 때 일기를 쓴다. 엉켜있는 생각을 적어 내려가다 보면 많은 게 명료해진다. 지금 내가 이런 마음이었구나. 무형의 감정이 글로써 확인되는 순간, 감정의 일부가 명명됨을 느낀다. 알면 해소가 된다. 솔직하고도 명확한 감정이 내 안에서 빠져나온다. 보통 그런 일기는 한 페이지를 훌쩍 넘는데, 빼곡한 글씨들을 보고 있으면 그만큼의 걱정을 털어낸 것 같아서 개운하기까지 하다. 그런데 가끔 일기를 쓰다가 이런 생각도 한다. 어느 날 갑자기 죽으면 이 일기장은 어떻게 되는 거지? 그래, N 맞다. 그래서 내 일기장은 어떻게 되는 거냐고!

    누군가에게 읽힌다는 생각만 해도 끔찍해서 다시

살아 돌아올 수 있을 것 같다. 기상천외한 내용이나 악담이 적혀있는 게 아닌데도 일기장마저 온전한 내 세계가 될 수 없다면, 그 한점의 그늘조차 없다면. 이래서 일기에도 거짓말을 쓴다는 말이 생겨났나 보다.

최근엔 친척들과 조카에 대해 이야기를 나눌 일이 있었다. 화두는 나중에 조카에게 사춘기가 오면 어떻게 대처해야 할까에 대한 거였다. 그리고 그때, '아이의 일기장을 몰래 보고 모른척하면 된다'라고 말하는 어른을 만났다. 듣기만 해도 피가 거꾸로 솟았다.

있어서는 안 될 일이었다. '제발', '절대'라는 말을 몇 번씩 반복하며 그러지 말기를 간절히 당부했다. 어떻게 이런 일을 당연하게 벌일 수 있는지 가슴이 쓰릴 지경이다. 그건 아무도 침범해서는 안 되는 한 사람만의 세계야! 그렇게 외치고 싶었다.

일기장을 훔쳐보는 부모들이 있다는 걸 우리 세대도 모르지 않았다. 커가면서 비밀이 생기고 말수가 적어지는 자식을 그런 식으로 통달하려 했다. 하지만 우리도 다 방법이 있었다. 방법은 자물쇠나 비밀번호가 걸린 일기장을 쓰는 거였다. 그 정도면 안심하고 속마음을 털어놓을 수 있었다. 나 역시 가시를 잔뜩 세우던 질풍노도의 학생이었기에 자물쇠를 걸고도 불안해서 일기장을 꽁꽁 숨겨두곤 했었다. 그러나 정말 일기를 마음 놓고 쓰게 된 건, 우리 가족이 내 일기를 절대 알려고 하지 않는다는 걸 알아채면서부터였다. 그 경계는 몇 계절에 걸쳐 서서히 풀어졌던 것으로 기억한다.

어른이 된 지금에 와서 그때의 상황을 펼쳐두고 봐도 믿음은 여전하다. 부모님은 내 일기를 본 적이 없다. 이 안전한 감각은 아주 오랫동안 나를 자유롭게 하고 또 지탱해 주었다. 죽어서 일기를 들키는 게 관짝 뚜껑 열고 나올 만큼 큰 사안인 나를 생각하면, 어린 시절의 그 숨통이 얼마나 필요한 것이었는지를 깨닫는다. 일기장은 거추장스러운 자물쇠 없이 깔끔한 일반 노트로 변해갔다. 그 노트를 책상 위에 떡하니 올려두고 자리를 비우는 일도 많았다. 그러나 절대 누군가 들추어보지 않을 거라는 믿음, 그것이 일기장인지조차 모른다는 믿음. 그 믿음이 있어 온전히 나를 지키며 자랄 수 있었다.

"넌 왜 남한테 의지를 안 해?" 이 말은 인프제인 내가 종종 듣는 말이다.

알고 보니 인프제 특징이 극강의 개인주의라고 한다. 누가 말해주기 전까지는 사람들에게 의지하지 않는다는 걸 몰랐다. 이런 태도가 가까운 누군가에겐 서운함이 될 수 있다는 것도 몰랐다. 나의 경우엔 말을 삼키는 대신 언제나 글을 썼을 뿐이다. 지금까지 줄곧 말이다. 누군가 나를 전부 이해해 줄 필요가 없다고도 느낀다. 주변 사람들에게 바라는 건 그저 날 알아봐 주는 거다. 내가 어떤 사람인지를.

나만이 말하고 듣는 생각들, 나날들. 그런 날의 번뇌는 고스란히 일기장의 텍스트가 된다. 내가 시간을 이겨 내는 방법은 늘 그랬듯이 일기를 쓰고 음악을 듣는 거다.

틀

인프제는 절제미가 뛰어난 사람들이다. 나로 말하자면 틀에 갇혔다고도 할 수 있겠다. 아무도 가두질 않았는데 벗어나질 않는다. 인프제는 법이 없어도 잘 지낼 사람들이라던데, 그 말이 꼭 맞는 것 같다. 자유롭게 뛰어다니며 놀라고 해도 자기 것을 꼭 끌어안고 지낸다. 내 속엔 나를 자석처럼 끌어당기고 있는 무거운 추가 있나 보다.

어릴 땐 특히 더 그랬다. 모난 구석이 없는 사람처

럼 보이고 싶어 했다. 에너지가 속으로 흐르다 보니 자기 검열도 심했다. '내가 한 말이 상처가 되었을까?', '그 일은 내가 공평하지 못했던 것 같아', '말이 너무 많았나?' 누군가 나를 힘들게 해서 괴로운 것보다 내가 나 때문에 괴로운 적이 더 많다. 어떤 사람이 되어야 한다는 기준이라도 있는 걸까.

여전히 다른 사람에겐 관대하고 나한텐 엄격하다. 부러운 사람이 있다면 많은 사람들 앞에서 스스로를 활짝 내보이는 사람. 틱톡을 찍는 사람. 그런 게 아무렇지도 않은 사람이 부럽다. 난 일대일 관계라면 나서서 성대모사를 선보일 수도 있지만 다수의 사람들 앞에서는 좀처럼 나다운 모습을 보이기가 어렵다.

그래서 괴짜 같은 사람을 동경하기도 한다. '저 사람은 왜 저럴까'라는 말을 들어도 꿋꿋하게 자기 페이스를 유지하는 사람. 다른 사람의 시선과 말에 움츠러들지 않는 사람. 될 수 있다면 그런 인간이 되어보고 싶다.

그냥 좀 살면 안 되나? 남들은 신경도 안 쓸 텐데! 어차피 다 잊힐 텐데.

어느 날은 갑자기 인생을 달관한 현자처럼 마음을 고쳐먹기도 한다. 하지만 위풍당당하게 며칠을 살고 나면 말이다. 아무래도 그 인생이 적성에 안 맞아 시름시름 앓는다. 돌고 돌아 결국은 나다. 쪼그라든 풍선 같은 나. 작은 것까지도 신경 쓰는 나. 영원히 내 안에서 사는 나.

이런 내게 가장 위안이 되었던 한 마디는 이거였다.
"이런 사람은 남한테 상처 주기도 쉽지 않아요."
이 말을 시작으로 조금씩 달리 보였던 것 같다.
그렇구나. 그러기 위해 마음을 쓰고 있었던 거구나. 이건 분명 의미가 있네. 누군가 상처받지 않을 수 있다면 혼자 생각이 많은 게 낫다. 난 그러는 편이 훨씬 좋다. 아무래도 이 마음은 변하지 않을 것 같다.

반전

완벽주의 성향과 검열의 틀에 갇힌 나를 설명하려고 지금까지 썼다. 늘 똑같이 살 것 같았지만 이런 삶에도 소소한 반전은 있었다. 나이가 들면서 버거운 건 조금씩 내려놓았다. '생각 말고 그냥 좀 해!' 하며 의도적으로 느슨해지려고 했다. 글씨가 마음에 들지 않아 다이어리를 찢어먹던 소녀는 이제 형사 수첩을 쓴다. 아주 휘갈겨 쓴다는 뜻이다. 필체를 바꾼 지도 오래다.

 이제는 누군가로부터 글씨 칭찬을 듣는 경우도 잘 없다. 대신 완벽주의 근성은 남아있어 편지를 전하거나 글을 써 보일 일이 있으면 내 쪽에서 먼저 '글씨를 너무 못 쓴 것 같아요'라는 말을 덧붙이곤 한다. 예전의 나라면 어떻게든 잘 써질 때까지 다시 쓰기를 반복했을 텐데, 구태여 그러지 않게 되었다. 그 정도의 여백을 스스로에게 허용해 주기로 했다.

 친구와 문자할 때는 오타를 남발한다. 오타나 띄어쓰기가 중구난방인 문자를 받은 적이 있다면 당신이 편하다는 뜻이다. 편하지 않았다면 어떻게든 오타를 수정해서 보냈을 거다. 느낌표나 이모티콘을 마구잡이로 쓰는 것도 당신이 좋다는 뜻이다.

 "여기 어디예요?"라는 간단한 텍스트에도 "어디입니다!!!" 이렇게 답한다. 감정이 앞서는 인간이라 이렇게라도 마음을 표현하지 않으면 안 되나 보다. 그동안 만나온 인프제들은 대부분 정갈한 문자를 보내는 게 특징이었는데, 웬만해선 흐트러지려 하지 않는 그들이 웃긴 이모티콘을 쓰면 특별하고 귀엽기까지 하다. 그러니 인프제들은 어서 흐트러진 모습을 보임으로써 귀여운 구석을 확보하시길!

완벽해지려 노력하지만 여전히 완벽하지 않고 완전무결한 사람이 될 수도 없다. 그래서 가끔은 내가 두 팔을 벌리고 살았으면 좋겠다. 세상을 끌어안지는 못해도 바람을 느꼈으면 좋겠다. 아주 대범해질 수는 없겠지만 적당히 자유롭게. 생각을 꼭 끌어안고 사는 인프제들이 각자의 그늘 안에서 때때로 편안했으면 좋겠다.

사랑할 때 내 얼굴은

이혜

이혜

이십 대에는 노래를 부르고 음악을 만들며 살았고, 삼십 대에는 글을 쓰고 책을 만들며 지내고 있습니다.『하염없는 표정으로』,『슬픔이 전부는 아니라고』,『모래 수영』을 출간했습니다.

"사랑을 하고 있었던 그때의 나만큼은 그 시간 속에 남겨두고 싶다.
그때 그 말간 나의 얼굴로 하루에도 몇 번씩 누군가를 향해
달려가는 날이 다시 찾아오기를 기대하면서 말이다."

1

자그마치 6년이었다. 6년씩이나 만났음에도 얼굴을 보고 마무리하자는 내 연락에 그는 아무런 대답이 없었다. 만나서 울고불고하는 건, 중요한 순간마다 나를 등지고 한마디도 하지 않던 그가 버틸 수 있는 상황이 아니었다. '그렇더라도 마지막까지 이런 식으로 회피하는 건 너무한 거 아니야?'라는 생각이 드는 동시에, 내가 자주 봐왔던 그의 공허한 얼굴이 떠올랐다. 그러자 그동안 누적되어 있던 피로가 한 번에 몰려왔고 모든 게 귀찮아졌다. 너의 이러저러한 행동이 얼마나 싫었는지 아냐는 둥, 너의 그 못된 버릇이 내 속을 얼마나 휘저어 놓았는지 정말 몰랐냐는 둥 이제 와서 또다시 이런 얘길 꺼낸다는 게 지나치게 소모적인 일로 다가왔다. 관계의 끝자락에 서고 나서야 이런 자잘함이야말로 만나고 있을 때 꺼내야 했다는 후회가 밀려왔다. 우리에게는 싸우고 화해하는 일에 할애할 수 있는 시간이 더는 남아있지 않았기에, 나는 얼른 정신을 차렸다. 그동안 고마웠다고, 그러니 앞으로도 잘 지내라는 말로 그와의 연락을 마쳤다. 늘 그렇듯 시간은 시간 그 자체만으로는 어떤 의미도 갖지 못하며, 아무런 힘도 발휘하지 못했다. 좋았던 시간만큼 내 마음만 더 상할 뿐이었다.

미련이든 원망이든 한 방울도 남기지 않을 기세로 울었지만, 한꺼번에 너무 많이 흘러나온 눈물은 목구멍을 타고 다시 내 안으로 들어왔다. 그럼에도 나는 계속해서 정신을 차리고 싶었다. 결코 감정적으로 이별을 선택한 게 아니라고 자신에게 정확히 일러둬야 했다. 축축한 휴지가 여기저기 엉겨 붙은 수건을 한 손에 쥐고서 책상 앞에 앉았다. 빈 종이를 꺼내 결혼자금을 모으기 위해 참아왔던 것들을 두서없이 써 내려갔다. 그리고 나는 꺽꺽 소리 내 울며 생각했다. 그를 만나는 동안 내가 감내하고 포기한 건 무엇이었을까.

마침, 퇴사가 예정되어 있었다. 이왕 이렇게 된 거 종이에 적어둔 것들을 하나씩 하며 시간을 죽일 계획을 세웠다. 친구들을 만났고, 하고 싶었던 공부를 시작했고, 몇 번의 여행을 다녀왔다. 몇 달간은 후련했다. 어떤 날에는 귓가에서 투두두둑 무엇인가 시원하게 터지는 소리가 들리는 듯했다. 어째서 이토록 커다란 해방감을 느끼고 있는지 의아했지만, 이 기분에 대해 파고들고 싶지는 않았다. 더 정확하게는 들추고 싶지 않았던 것 같다.

2

헤어진 다음 날, 우리가 서로에게 죽고 못 살던 때가 생각났다. 이상하게도 나는 부모도 오랜 친구도 아닌, 오직 그 사람 앞에서만 유치해질 수 있었다. 연인과 있을 때는 다른 사람들을 만날 때처럼 시종일관 상대를 관찰하고, 눈치 보고, 맞춰주는 일을 하고 싶지 않았다. 누가 거들어주지 않으면 결정하기까지 너무 오랜 시간이 걸리고, 온갖 잡념들에 주기적으로 잠식당하는, 알고 보면 허술하기 짝이 없는 나를 그에게만은 온전히 이해받으려 했다. 이런 나를 공유하며 보호받고 있다고 느꼈다.

그 사람 앞에서는 온갖 생각을 말로 뱉고, 어린 행동을 하는 것이 아무렇지 않았다. 쉬이 드러내지 못하는 나의 연약함을 그는 알고 있었다. 엄마의 기일이 있는 1월이 되면 참지 않고 그에게 엄마가 보고 싶다고 말했다. 도무지 말로 뱉어낼 수 없을 땐 혼자서 숨죽이고 울다 그에게 들키곤 했다. 그는 불필요한 말을 보태지 않는 사람이었다. 자신의 가슴팍 쪽으로 내 고개를 끌어당기며 나의 슬픔에 조용히, 그저 고요히 동참해 주었다.

그 품은 자신을 위해서도 잘 쓰지 않는 귀한 자리였고, 그가 가진 것 중 가장 따뜻한 것이었다. 그와 있을 땐 뭐든 감춰지지 않아서 도저히 어떤 척도 할 수 없었다. 그와 시간을 보내며 내 안의 수많은 겹을 하나씩 벗어던지는 일은 즐거웠다. 그에게만 내미는 나의 순수한 얼굴은 내가 그를 얼마나 신뢰하고 있고, 또 그를 얼마나 투명하게 대하고 싶은지를 의미했다.

3

내가 그에게 거리낌 없는 사이가 되면 좋겠다고 말할 때 그는 언제나 적당한 선을 지키고 싶어 했다. 먼저 앞서가는 나를 자주 멈춰 세웠던 것 같다. 지금 생각해 보면 그는 나와 아주 다른 사람이었다. 그는 효율적인 대화와 실용적인 사랑 표현을 좋아했다. 카페를 가면 항상 나보다 먼저 일어나 주문한 음료를 가져왔고, 자리를 나설 때는 나보다 천천히 일어나 주변을 살피며 내가 두고 온 지갑이나 우산을 챙겼다. 또 어쩌다 내가 아플 때면 많이 아프냐는 말 대신, 계좌로 병원비를 보내고 죽을 배달시켜 보내는 식이었다. 그는 상황과 감정을 잘 구분하는 사람이었기에 지나치게 부풀어 오른 내 기분에 크게 영향받지 않았다. 때때로 그는 현실적인 어려움에 취약했지만, 한숨 푹 자고 일어나면 다 괜찮다고 말하는 사람이었다. 나와는 다르게 그의 괜찮다는 말 뒤로는 숨겨진 뜻 같은 건 없었다.

여러 사람과 있을 땐 한마디도 하지 않다가 단둘이 있게 되면 그는 성대모사를 하거나 노래를 부르며 장난을 쳤다. 그가 얼마나 웃긴 사람인지 아무리 설명해도 다른 사람들은 믿지 않았다. 그의 유머러스함은 나만이 사유할 수 있는 영역이었다. 그리고 나는, 그렇게나 내향적이었던 그를 여기저기 소개하고 싶어 했다. 그는 처음 마음 그대로 우리 둘만 생각하고 나만을 살폈는데, 갈수록 나는 사람들에게 우리에 대해 얘기하려 했다. 우리를 자랑하고 싶었다.

그는 비싸고 좋은 식당에 나를 데려가거나, 내게 필요한 물건을 사주며 행복해했지만, 사실 나는 우리가 서로의 팔뚝을 쳐가며 눈물이 날 정도로 웃는 그 짧은 찰나에서 깊은 안정감을 느꼈다. 그가 언제, 어디에서, 우리가 무엇을 먹었는지에 대해 얘길 꺼낼 때면 나는 그때, 거기서, 어떤 음식을 먹으며 나눴던 우리의 대화에 대해 또 얘기하고 싶었다. 아주 다른 우리였지만, 너무 달랐기에 서로가 신기했고 새로웠다. 한동안은 그를 통해 틀림과 다름의 차이를 정확히 이해하게 됐다고 믿었다.

4

어느 시점부터 나를 대하는 그의 태도가 확연히 달라진 것을 느꼈다. 그 미세한 변화를 감지하는 데에는 그리 오래 걸리지 않았다. 우리 사이에 작은 균열이 일어났음을 알아챘지만, 이 상황에 대해 내가 먼저 입을 열고 싶지는 않았다. 그가 대놓고 내 곁에 있는 둥 마는 둥 할 때에도 우리의 수많은 어긋남에 대해 이야기를 꺼낼 자신이 없었다. 그때는 정말이지 헤어지는 게 너무 싫었다.

그와의 이별은 계획에 없던 일이었으므로 앞으로의 내 미래가 완전히 엉망으로 뒤틀려버릴 것만 같았다. 느닷없이 내 앞에서 낯선 표정을 짓고 낯설게 행동하는 그의 뚱한 낌새를 감지했던 날을 다시 되짚어 봤다. 티 나지 않게 그의 마음을 살피는 건 어려운 일이 아니었다. 특히나 부정적인 감정 표현에 훨씬 민감해서 그의 어조, 목소리 크기에서부터 구겨진 미간, 얼어붙은 시선, 대답을 망설이는 입술 같은 비언어적 표현까지 본능적으로 포착할 수 있었지만, 나의 서운함을 잠시 뒤로하고 얼마간은 서로에게 적절한 분위기를 만들어보려 했다.

'요즘 회사에 무슨 일이 있는 건가?' 하고 혼자 있고 싶어 하는 그를 위해 몇 번의 약속을 미루기도 했다. 이때까지도 나는 달라진 그의 태도를 대수롭지 않게 생각했다. 좋아하는 대상으로부터 권태를 잘 느끼지 않는 나로서는 그가 나를 자신의 영역에서 밀어내고 싶어 할 거라고는 꿈에도 생각하지 못했다. 혹여나 상대의 미운 구석, 나를 지치게 하는 모습을 보게 되더라도 차차 맞춰가면 될 일이라고 순진하게 생각하던 나였으니까……. 때론 이런 내가 결단력 없고 미련하게 보이기도 하지만, 신중을 기울인 만큼 내가 선택한 대상을 더 깊게, 가능하면 오랫동안 좋아하고 싶은 마음은 고치기 어려운 내 천성이었다.

5

우리가 정말 이별할지도 모르겠다고 예감했던 건 그와 헤어지기 몇 달 전 내 생일날이었다. 그는 생일 축하한다는 문자 한 통을 보내왔고, 그로부터 받은 축하는 그게 전부였다. 말보다 행동으로 확신을 주던 그가 아무런 생각 없이 나를 뒷전에 두었을 리 없었다. 그는 나를 위해 아무것도 하지 않기로 의식하고 결정했을 것이다. 그런데도 나는 그의 그런 행동에 대해 어떤 것도 끝까지 물어보지 못했다. 답답한 마음에 뭘 좀 물어보려고 하면 끝에 가서는 항상 내가 나쁜 사람이 되어있었고, 꼭 뭘 캐내려는 속 좁은 사람이 되고야 말았다. 자신이 생각하고 있는 바를 그대로 말하기만 하면 되는데 짜증 섞인 말투로 대답을 흐렸다.

시간이 지날수록 그의 말수는 현저하게 줄어들었다. 일어났다는 연락이 늦어졌고, 자꾸만 일찍 잠에 들었다. 그는 천진한 나의 얼굴을 궁금해하지 않았고, 더는 내 앞에서 시답잖은 농담을 던지지도, 우스꽝스러운 표정을 짓지도 않았다. 그런 그가 어색하고 이상한 존재로 여겨져서 나 역시 더는 투명하게 행동할 수 없었다. 오늘 무슨 일이 있었고, 어떤 고민을 했고, 서울 하늘은 어떠했으며 누구의 어떤 행동이 나를 불편하게 했는지 아무렇지 않게 늘어놓았던 내 일상 중 그 어느 것도 마음 편히 나눌 수 없게 됐다. 서로에게서 멀어지는 건 한 번도 의논한 적 없는 일이었지만, 그 어느 때보다 죽이 척척 맞아 들어가는 것처럼 보였다.

그는 결국 내게 잠깐 시간을 갖자고 말했다. 다시 잘 지낼 볼 마음으로 건넨 말이 아니라는 걸 알았다. 나는 알겠다고, 시간을 가져보자고 대답했지만, 통화를 마치자마자 메신저 프로필에서 그와 함께 찍은 사진을 모두 지워버렸다. 그리고 집안을 빙 둘러봤다. 6년을 만나는 동안 그에게서 받은 편지는 고작 한 통이었지만 선물 받은 물건은 차고 넘쳤다. 온갖 생필품부터 목걸이, 시계, 가방, 옷, 에어팟까지. 한두 해 만난 사이가 아니었으므로 이 물건들뿐만 아니라 그를 염두에 둔 생활 습관, 꽤 구체적이었던 미래 계획까지 정리해야 할 게 많아도 너무 많았다. 그가 제시한 한 달이라는 시간 동안 내 삶 곳곳에 만연해 있던 우리의 흔적을 되도록 말끔히 지우려 했다.

일상을 보내는 중에 거울 속 나와 눈이 마주칠 때면, 그와의 시간으로부터 떨어져 나가고 있음을 실감했다. 나의 얼굴은 또다시 진심을 감추기에 급급해 보였다. 나를 살피러 온 친구들은 남김없이 다 말해 달라고 했지만, 나는 정리되지 않은 마음을 어디서부터 어디까지 말해야 할지 몰라 손사래를 치며 얘기하고 말 것도 없다는 식의 짧은 말로 대화를 끝내버렸다. 울기는커녕 차라리 잘됐다는 말과 함께 과장된 웃음을 보였다. 얼마

동안은 나조차 내 속을 훤히 들여다보는 게 어려운 일이 됐고, 복잡하고 복잡한 원래의 나로 돌아가고 있었다.

6

가끔 늦은 밤까지 잠들지 못하고 비어 있는 마음 한 구석을 만지작거릴 땐, 그 사람이 아닌 다 벗은 나의 얼굴이 그리웠다. 그래서 나는 또 사랑이 하고 싶었다. 그 새로운 사랑이 언제 나타날지, 어디서 만나게 될지는 아무도 모를 일이고, 내 예상과 달리 좀 더 시간이 필요할지도 모르지만.

어쩌다 문득 그가 생각날 때면 이렇게 시간이 한참 지났는데도, 그런 식으로 헤어졌는데도 설마 미련이란 게 남아있는 건가 싶어 손이 닿지 않는 등허리 어딘가가 미치도록 간지러운 때처럼 신경질이 났다. 그렇게 나 역시, 이별을 경험한 여느 사람들과 마찬가지로 괜찮다가도, 괜찮지 않은 날들을 보냈다. 그럼에도 그와의 시간을 무의미한 일로 생각한 적은 없었다. 내 얼굴에 버릇처럼 드리워져 있던 온갖 겉치레들을 시원하게 벗어던진 경험, 그것만으로도 나는 충분했다.

여전히 눈앞에서 선명하게 그려지는 장면들이 있

다. 하지만 이제는 어떤 효력도 발휘할 수 없는 아주 오래전 일이 되었으므로 그 시간으로부터 더 느껴야 할 것은 없다. 충분히 미워했고 충분히 탓했다. 다만 예전의 나, 그러니까 사랑을 하고 있었던 그때의 나만큼은 그 시간 속에 남겨두고 싶다. 그때 그 말간 나의 얼굴로 하루에도 몇 번씩 누군가를 향해 달려가는 날이 다시 찾아오기를 기대하면서 말이다.

마음의 상미기한

소 원

소 원

1인 출판사 '닢(Neap)'을 운영하며 기분 좋은 생활을 이야기하는 글을 쓰고 책을 펴냅니다. 전주에서 태어나 주로 서울과 일본을 오갑니다. 햇살과 밥, 책 그리고 편지를 좋아합니다. 저서『오늘의 기본』시리즈가 있습니다.

"응당 하트 모양의 마음에는 하트 모양의 마음을,
산 모양의 마음에는 산 모양의 마음을 되돌려 주고 싶다.
답장마다 그러한 '하나뿐인' 진심을 응축하는 것은
세심한 기술이 필요하고, 그러려면 늘 시간이 더 필요한 법."

들어가기 전에

어쩌면 본래의 심성은 P일지도 모르겠다고 때때로 생각했다. 어떤 것을 미리 하고 계획하는 것은 다만 불안을 다루기 위한 생존적 수법일 뿐이라고. 그도 그럴 것이 난 자주 모든 것을 미룰 수 있을 때까지 미루는 편이다. 그것이 마음을 불리기 위해서다.

하려던 이야기 : 답장의 왕도

고등학교 때 내 사물함 속에는 캔이 하나둘씩 늘어갔다.

나는 물로 된 것은 그때도 잘 마시지 못했다. 물과 주스와 커피 같은 것들을 언제나 반 이상 남겼다. 그러거나 말거나 야간자율학습 시간이면 매점에 가서 호기롭게 캔 커피를 하나 뽑아 책상 위에 두었다. 그리고 3시간 동안 공부를 하다가 단잠을 자거나 했다.

밤 10시가 되어 집에 돌아갈 때가 되면 (당연하게도) 여전히 캔 속에는 커피가 반절 넘게 남아있었다. 분주하게 책가방을 메는 아이들 사이에서, 그 캔을 어떻게 할지 골똘히 고민했다. 마셔버리든지 화장실에 가서 버려버리든지 하면 되는 것을, 나는 언제나 사물함을 열고 그 안에 고이 넣어두었다.

아직은 이별이 아니다.

캔을 떠나보내기에는 마음 상태가 너무 미지근하고 물러 있었다. 방금까지 침 흘리며 자다 깬 비몽사몽인 상태로 얼마 마셔지지 못하고 변기에 버려져야 하는 음료수의 참담한 심정을 헤아리는 것은 몹시도 예의가 없는 일이니까…….
넣어 두고 있는 동안에는 아직 갖고 있는 거야.
너의 운명은 아직 결판 지어지지 않았어.

그렇게 생각하면 마음이 조금 나아졌고 어떠한 방식으로라도 속죄하는 기분이었다. 캔 속의 커피가 아까워서라기 보다는(그것도 아주 없는 마음은 아니었겠지만) 그 캔과의 이별을 최대한 지연함으로써 애도의 마음을 서서히 불렸다. 마음이라기보단 음료를 불린 것에 불과했겠지만.

그렇게 내 사물함 안에는 마시다 만 캔이 늘어갔다.
그러다 하루는 내 필기 노트를 빌리러 온 은지가 사물함을 열어젖히더니 꽥 소리를 질렀다.
"너 진짜 미쳤냐. 당장 화장실 가서 버리고 와!"

은지는 '사람이 정도가 있다'고 했다. 난 사물함 속에 캔을 8개까지 진열해 봤다. 하루하루 쌓여간 속죄의 컬렉션은 그렇게 미루고 미뤄진 뒤에야 한 번에 버려졌다. 은지가 보다못해 소리치거나, 은지가 보다못해 치워주거나, 결국 스스로 어떤 결심이 찾아왔을 때. 매번 진심과 결심을 반복하는 그런 나날의 반복이었다.

진열해 둔 캔이 점점 미루고 미룬 숙제처럼 나를 짓누르기 시작했을 때. 그래서 어떤 결심을 하지 않고는 견딜 수 없어졌을 때. '오늘이구나' 그런 마음으로 캔을 품에 한 아름 안고 화장실에 갔다.
그럴 땐 담담한 기분이 들었다. 더 이상 캔 속 음료가 아깝다거나, 캔과의 이별이 아쉽다거나 하는 감상적인 것들은 다 휘발되고 '처리해야 하는 것' 그 이상도 이하도 아닌 것이 되어있었다. 그렇게 미루고 미룬 후에 마주하는 것은 성숙한 안녕이 아니라 숙성된 악취였다.

"미룰 걸 미뤄야지!" 은지가 그렇게 혼을 낼 때면 난 꾸중을 들은 어린아이 같은 마음이 되어 속으로 힝······ 했다.

난 그냥 캔 하나도 가장 좋은 마음으로 버리고 싶을 뿐인걸.

그러니까 마음을 불린답시고 기다리는 일이 누군가에게는 미루면 안 되는 것을 미룰 뿐인 것······이란 것쯤은 잘 알고 있지만, 마음이란 원래 그렇게 호락호락한 것이 아니다.

아무래도 한 캔 한 캔 진심으로 대해주지 못했다는 미안함이 들고, 하필 나를 만나 원 없이 마셔지지도 못하고 덧없이 버려져야 했던 캔의 운명이 못내 슬펐다······고 하면, 은지는 그런 나에게 그게 도대체 무슨 소리냐고, 염병 떨지 말고 깨끗하게 살라고 했다.

 그로부터 10년이 지난 지금의 나는, 여전히 마음을 불리고 있다.

 고백하자면, 언젠가부터 답장을 잘 못 하게 되었다. 카톡을 열면 채팅창마다 숫자가 적힌 빨간 동그라미가 떠 있다. (현시점 '안 읽은 메시지' 995개) 인스타그램의 메시지 창에는 파란 점이 수두룩. 그 말은 즉, '보낸 메시지'로 끝맺은 대화가 없다는 뜻이다.

 누군가로부터 카톡이 오거나 메일이 오거나 DM이 오거나 댓글이 달리면, 그 사람 마음의 실루엣이랄지 글자를 조합하는 방식을 살피는 버릇이 어느 순간부터 생겼다.

 사람은 어떠한 성심(誠心)을 담아, 얼마나 세심하게 마음을 표현하는가.

 '안녕하세요'를 쓰는가, 생략하는가. 마침표는 온점과 느낌표 중에 어떤 걸 쓰는 타입인가. 이모티콘은 애용하는가. 그렇다면 표정파 아니면 도형파? 웃음은 이모지(☺)로 표현하는가, '^^'으로 표현하는가. ':) 내지는 :-)'로 표현하는가. '-요'체를 쓰는가. '-습니다'

체를 쓰는가. 물결과 줄임표를 좋아하는가. 말하자면 이런 자잘한 것들을 헤아린다.

예 1) 온점 대신 느낌표를 써서 왠지 발랄하고 기분 좋아지는 카톡
ㄴ그럼 나도 온점 대신 느낌표로 경쾌한 분위기에 동승하기.

예 2) 맨 끝에 노란색 하트가 달린 댓글
ㄴ그럼 나도 하트를 달아야지. 나는 하얀색으로.

예 3) 곳곳에 :-) (살짝 미소 짓는 얼굴)의 표정으로 온화하게 웃어주는 메일
ㄴ그럼 나도 문자 기호로 웃는 표정을 지어서 상냥한 회신을 해야지.

똑같은 말을 하더라도 사람들은 자기답게 단어를 빚는다. 자신의 마음을 동원할 수 있는 모든 수단을 조합하여 다가간다. 그래서 사람 수만큼의 마음법과 작문법이 있다.

응당 하트 모양의 마음에는 하트 모양의 마음을, 산

모양의 마음에는 산 모양의 마음을 되돌려 주고 싶다. 답장마다 그러한 '하나뿐인' 진심을 응축하는 것은 세심한 기술이 필요하고, 그러려면 늘 시간이 더 필요한 법.

마음을 불린다.
부드럽게 풀어질 때까지.
푹 익을 때까지 기다린다.
무엇이 가라앉고 무엇이 뜨는지 드러날 때까지 기다린다.
기다리고, 기다리고, 기다리다 보면……

아뿔싸.
마음이 사물함 안의 하나둘씩 늘어가던 캔이 된다. 미처 보내지 못한 답장들이 산더미처럼 쌓인다. 5초면 보냈을 답장을 목욕하면서 고민하고, 하룻밤 새 고민하고, 다음날 스트레칭하면서 고민하고, 일주일 내내 고민하다 점점 오래되고, 묵어지고, 불려지다 못해 발효된다. 너무 불린 진심은 부패한다. 타이밍을 놓친 답장은 이제 보내기에도 애매해진다. 전하지 못한 마음이 숙제가 되고, 나를 탓하고 재촉하며 붉으락푸르락 점등 중인 것이…… 바로 이 난장판이 된 채팅방인 것이다.

갓 구워나온 빵처럼 따뜻하고 향기로운 '방금 태어난' 마음이었는데 당신의 마음을 너무 오래 묵혔어.

미안한 마음이 빚처럼 가슴에 남아 늘 며칠, 몇 주, 아님 몇 달 과거에 머물며 부채를 갚으며 산다.

난 그냥 답장 하나도 가장 좋은 마음으로 하고 싶을 뿐인걸.

그런데 이 마음이 어디에서 온 걸까. 잘 보이고 싶은 마음. 마음에 들고 싶은 마음. 잘 쓰고 싶은 마음. 겉보기엔 상냥함으로 포장한 두려운 마음이 내 안에 있었다는 걸 최근에 어슴푸레 깨달았다.

실은 글 너머의 마음을 검사받는 듯한 기분이 들었다고. 글을 통해 마음을 검열당하는 기분이 들었었다고.

사실 알고 있다.

답장을 못 하게 된 게 정확히 언제부터였는지. 그것은 3년 전 여름이었다. 한 출판사와 계약을 맺고 첫 책 원고를 퇴고하며 편집자님과 메일을 주고받던 나날이었다. 그 과정에서 '이건 내가 봐도 잘 쓴 회심의 문장이야', '이 문단이야말로 이 에피소드의 정수를 담은 부분이야'라고 내심 아끼던 부분들이 몽땅 도려졌다. 그러니까 한 마디로 내가 아니어도 누구나 쓸 수 있었던 글이 되었던 것이다.

아주 성심을 다해 쓴 문장도 거세될 수 있다.

그것이 몹시 쓰라렸다. 온점 하나 허투루 쓰지 못하게 되었다.

지면(紙面)은 마음이구나.

그래서 문장을 도려내면 애꿎은 마음에 칼집이 나는구나. 그것을 처음 깨달았는데, 그것이 다름 아닌 편집자의 일이고 그는 맡은 일을 성심껏 해내야 했을 뿐인 것……이란 것쯤은 잘 알고 있지만, 마음이란 원래 그렇게 호락호락한 것이 아니다.

문장 안에는 낱자 하나하나에 마음이 담겨 있어서, 그것을 버리는 일은 마음이 구겨지는 것 같아 비참했다고…… 그래서 나는 열병을 앓듯 앓았던 적이 있다고.

나는 그렇게 사람을 앓게 하지 않겠다고.

당신이 쓴 것이 무엇이든 그것을 진심으로 환대하여 나는 그에 대한 답장을 하겠다고.

그래서 그런 결심을 했던 것일까?

언제부터 마음을 작문에 의탁하게 되었을까.

마음을 전하는 것을 글쓰기로밖에 할 수 없게 되었을까.

은지가 이 말을 들으면, 염병 떨지 말라는 말 대신 이런 말을 해 줄 것이다.

그게 네가 가장 잘하는 것이라서.

만 가지의 마음을 만나면 만 가지의 마음을 불러, 만 가지의 글을 짓는 것이 너의 성실이자 성심이라고.

그래서 넌 결국 만 가지의 마음의 모양과 작문법을 연마한 거란다. 만나는 사람에 따라 웃는 표정을 만 가지 방법으로 짓거나 적고.

하지만 이렇게도 말할 것이다.

그럼에도 '사람이 정도가 있다'고.

너는 너다운 마음법 하나로 충분하며, 사람들은 그것을 결국 사랑하게 될 것이라고. 네가 짓게 되는 단 하나뿐인 것들을 사랑할 것이라고.

불안을 다루기 위한 생존적 수법으로 나는 무엇이든지 시간을 필요로 해 왔던 것이다. 마음을 불리는 시간을. 적확한 단어와 타이밍에 가까워질 수 있도록.

그러나 캔에는 유통기한이 있고, 답장에는 유효기간이 있다. 일본에서는 그것을 상미기한(賞味期限)이라는 말로 표기하는데, 그것은 어떤 것을 가장 좋은 맛으로 음미할 수 있는 기간이라는 뜻이다.

사실 알고 있다.
마음의 상미기한을.

마음을 전하는 데 있어서 가장 중요한 것은 가장 좋은 작문이 아니라 가장 좋은 순간이라고. 그리고 가장 좋은 순간이라는 것은,
바로 지금.

*

추신. 답장이 느린 저를 언제나 기다려주셔서 감사합니다. 느리더라도 확실히 도착하는 마음을 쓸게요.

몸에 새긴 말

이택민

이택민

사색을 즐기지 않습니다. 매일 새벽 사색을 당합니다. 1인 출판사 '책편사'를 운영 중이며, 『전시된 마음』, 『첨벙하고 고요해지면서』, 『고민 한 두름』, 『불안 한 톳』, 『공허 한 거리』 등을 썼습니다.

"주저하는 마음은 예쁘다. 망설이는 발걸음은 아름답다.
말과 행동을 주저하고 망설인다는 건 상대방의 마음을 헤아리고자
하는 이들에게 찾아오는 버퍼링이겠지."

유독 소매가 짧은 티셔츠를 입은 날, 무심코 살갗 위 잎사귀가 스치듯 드러났다. 누군가의 시선이 닿을까 싶어 얼른 팔을 내린다. 찰나의 순간, 저 사람에게 나의 비밀을 보여줘도 될 것인가 고민한다. 이 자그마한 것을 보여주었을 때, 상대의 반응은 어떠할지 상상하면서. 하지만 '색이 다 바래진 그것은 대체 뭐냐고', '이왕 하려면 멋진 걸로 좀 하지'와 같은 말을 몇 번이고 들어본 나로서는 몸에 새긴 말을 밖으로 쉽게 꺼낼 수 없다.

제 모습을 있는 그대로 보여주고, 그에 따른 반응을 다시 한번 있는 그대로 받아들일 수 있으면 좋으련만, 상대가 지은 표정이나 뱉은 말의 속뜻을 헤아리려는 고질적인 습관이 있는 나는 나의 다른 면을 보여줘도 대수롭지 않게 대해줄 것 같은 사람에게만 나를 보여주고 싶은 것이다. 그러니까, 내가 감추고 싶은 건 타투가 아니라 내가 어떤 사람인지 설명해야 하는 순간들이다.

아글라오네마, 개망초, 수양버들, 포도넝쿨…….
유독 새하얀 살가죽에 검붉은 뿌리를 내린 나의 식

물들은 나의 어둠 안에서 자란다. 강변의 버드나무는 바람결에 제 자신을 자유롭게 맡기지만, 내 몸의 버들은 한없이 고개를 숙인 채 잠들어 있다. 포도넝쿨은 담을 타고 한없이 올라가는데, 내 안의 넝쿨은 벽 뒤에서 음침하게 엉켜있다. 화분 식물은 어항 속의 금붕어와 같은 처지이고, 들판에 흐드러지게 피어있어야 할 개망초는 내 몸 안에서 영생을 부여받은 대신 한풀 꺾이지도, 한숨 죽지도 못하는 처량한 신세이다.

새길 땐 분명한 이유가 있었다. 지워질 수 없는 상흔을 남기고 싶다는 마음으로 어떠한 징표를 원했고, 그것이 나의 도피처가 될 수 있다고 믿었다. 그런데 막상 이제 와 이 타투는 무슨 의미가 있나요, 누군가 묻기라도 하면 선뜻 대답할 수가 없다. 그때 그걸 왜 새겼는지 나조차 잘 모르겠어서. 설명하면 할수록 본연의 뜻과는 멀어지는 것 같아서.

나는 왜 보란 듯이 나의 한 부분을 보여주지 못하고, 애써 이걸 숨기고 있는 걸까. 숨긴다고 해서 사라지는 것도 아닌데. 사람들은 이것을 자기표현의 한 방식이라고 하지만, 내게는 그저 침묵의 이미지로 남는다. 가끔은 나도 만인에게 아무렇지 않게 살갗을 드러내고 싶은데, 그게 참 마음대로 되지 않는다. 셔츠 소맷단을 접다가도 팔꿈치 위에서 잠깐 멈칫하고, 대중목욕탕에선 수건을 왼쪽 어깨 위로 둘러메는 식이다.

*

고백하자면 나는 숨기는 것이 많다. 그것은 겉으로 쉬이 드러나는 표정일 때도 있고, 보이지 않게 표정 뒤에 꼭꼭 숨겨둔 마음일 때도 있다(타투는 그저 내가 숨기는 많은 것 중의 일부인지도). 혹자는 남들에게 그저 수더분한 사람으로만 비춰지는 나를 보며 안타까워하기도 하고, 어떤 이는 이런 나를 힐난하며 겉과 속이 다른, 음흉한 놈이라고 손가락질하기도 한다. 타인에게서 받는 평가가 엇갈리는 듯하면서 어느 한 지점에서 일치하는 건, 나의 모순적인 성향 때문이다.

나는 숨기는 데에 재능이 없는 사람이기도 하다. 어쩌면 그편에 더 가까운지도 모른다. 쉽게 감정을 겉으로 드러내고, 드러난다. 어렸을 땐 웃음이 많을 걸 넘어 때때로 헤펐다. 그것이 마음을 감추기 위한 장치였겠지만 그땐 그랬다. 이따금 풍선 바람이 새어 나오듯 뜬금없게 웃음이 삐져나와 주변의 오해를 사기도 했는데, 그 값으로 제법 비싼 변명을 치러야만 했다—저기, 왜 웃으시지? 아니… 그게 아니라……. 제 말이 웃긴가요? 아니… 그게 아니……. 지금 저 비웃으신 거죠? 아니…

 요즘에는 웃음보다 눈물짓는 날이 잦아졌다. 모임을 진행하다가도 종종 울컥하지만, 주위에 사람이 있을 땐 안경 뒤로 눈물을 감추거나, 손수건으로 이마의 땀을 닦는 척 몰래 눈가를 훔친다. 그래서 마음 놓고 슬퍼할 수 있는 공간을 좋아하는 걸까. 사위가 어두운 영화 상영관이나 어떠한 시선으로부터 차단된 차 안에서는 눈물 수도꼭지가 쉽게 헐거워진다. 나는 영화를 좋아한다기보다는 슬픔의 명분을 위해 영화를 보는 것일지도. 나는 운전을 즐겨 한다기보다는 운전석에 홀로 앉아 있는 시간을 즐기는 것일지도.
 뿐만 아니라, 불편한 사람이나 무례한 태도를 일삼는 사람을 마주할 때면, 얼굴이 한가득 굳어버리는 것을 막지 못한다. 모종의 이유로 잔뜩 주눅이 든 날에는 표정에서부터 당혹스러움이 여과 없이 드러나는 편인데… 이렇게나 투명하게 마음을 비추는 나더러 속을 알 수 없다니! 과연 남들이 바라는 솔직은 무엇이고, 내게 바라는 진짜는 무언지 궁금하다. 너는 애가 참 솔직하지 못하다는, 어쩜 그렇게 감추는 것이 많느냐는 말을 들을 때면, 내가 삶을 대하는 태도와 감정을 드러내는 방식이 정상적이지 않은 것인지 가끔 헷갈리기도 한다.

*

　대학 시절, 한 술자리에서 선배 중 하나는 내게 서운함의 탈을 쓰고 혼을 내듯 이렇게 말한 적이 있다. 너는 왜 자기 얘기를 하지 않느냐고. 우리들은 이렇게 고민을 털어놓고 있는데, 너도 좀 말해줄 수 있는 거 아니냐고. 아, 저는 많이 말하고 있는걸요…… 라며 어물쩍 넘어갔지만, 속으로는 반감이 강하게 들었다. 내가 당신에게 어떤 이유에서 속마음을 털어놔야 하지? 대체 왜? 나는 지금 이 자리에 충분히 집중하며 경청하고 있었다고. 이 자리에 걸맞은 대화를 나누며 적당히 잘 취해가고 있었단 말이야!
　그때나 지금이나 나는 타인을 만나면 그에게 나의 몇 퍼센트를 드러낼 수 있는지 가늠하곤 한다. 오늘 처음 만난 사이일지라도 단시간 내 많은 면을 보여주는 상대가 있고, 아무리 자주 만나는 사이여도 으레 주고받는 말 외에는 깊은 대화 주제를 나누지 않는 사이도 있다.

만나는 상대의 결에 따라 대화의 깊이나 나를 드러내는 정도를 달리하는 것인데, 상대를 가늠하는 이런 내 모습을 누군가는 좋지 않게 봤을 수도 있겠다.

이쯤에서 의문이 생긴다. 난 왜 상대에 따라 다른 말투를 쓰고, 다른 행동거지를 취하는 것인지에 대해. 나라는 사람이 왜 이러한 성향을 갖게 되었는지에 대해 말이다. 떠올려 보면 자아가 형성되던 학창 시절부터 나는 늘 군걱정이 많았고, 타인의 시선에 민감함을 넘어 과민한 편이었다. 친구의 표정을 마음속에 오래 담아두어 다음날 등굣길에 어떤 말을 건네야 좋을지 밤새도록 시뮬레이션을 돌려보기 일쑤였고, 선생님의 작은 나무람에도 금방 기가 죽는 학생이었다. 그래서 그랬을 것이다. 작아지기 싫고 움츠러들기 싫은 마음에. 나를 보이는 대신 숨기는 방식을 택했을 것이다.

성인이 되어서도 별반 다르지 않다. 나를 지키기 위한 방어기제로써 사회적 가면을 여럿 가지고 살아가고 있다. 외출 전 옷장을 열고서 그날 입을 옷을 고르는 것처럼, 오늘의 만남에 적합한 가면을 하나 골라 쓰고 문밖을 나선다. 종종 마음의 거리가 가까워진 사람을 만나러 갈 때는, 오늘은 그에게 내 다른 얼굴을 보여줘도 되겠다 싶어 가면을 하나 더 챙기기도 한다. 마치 서로 다른 두 권의 책을 가방에 넣어 다니듯, 두 개의 가면을 가지고 나와 혹시 모를 상황에 대비하는 셈이다.

서른이 넘어가면서부터는 이러나저러나 모두 '이택민'임을 인정하게 된 것 같은데, 대단히 큰 사건이 있었던 건 아니다. 그저 나의 다른 면이 '가짜'가 아니라, 진심을 다하지 않는 모습이 '가짜'가 아닐까 하는 생각의 변화가 주요했을 터다. 내면에 여러 가면을 갖게 된 것이, 상대에 따라 나의 모습을 달리하는 것이 상대방을 늘 진심으로 대하고 싶은 마음에서 비롯된 것은 아니었을까. 관계를 맺고 이어가고 풀어지고 끊어지는 과정에서 나의 다른 면들을 조금씩 인정하게 된 것이 아닐까.

넷플릭스에서 공개된 변성현 감독의 영화 「굿뉴스」 오프닝 장면에 이런 대사가 나온다.

진실은 간혹 달의 뒷면에 존재한다. 그렇다고 앞면이 거짓은 아니다.

거짓은 아니다, 거짓은 아니다, 거.짓.은. 아니다… 대사를 곱씹다 보면, 이런 생각을 하게 된다. 나는 하늘에 떠 있는 저 달처럼 뒷면이 있는 사람이구나. 지구에서 달의 뒷면을 보지 못한다고 하여 달이, 달이 아닌 것은 아니듯 내가 평소와 다른 이면을 갖고 있다고 한들 내가, 내가 아닌 것은 아니라고. 단지, 그들이 나의 뒷면을 보지 못했을 뿐이라고(내가 보여주지 않은 경우가 더 많았겠지만).

그나저나 영원히 자신의 뒷모습을 보지 못하는 건 남들이 아닌 바로 나 자신 아닌가?

*

처음으로 타투를 한 건 지금으로부터 6년 전 연말이었다. 처음으로 직장이란 곳을 다니게 되면서 여러 부침을 겪고 있을 때였다. 회사 일이 힘들었다기보단 그 당시의 나를 둘러싸고 있던 관계에 지쳐가고 있던 것 같다. 연말이 다가올수록 친구들과의 모임이 거듭됐는데, 나는 자리에 나가서도 잿빛 얼굴을 감추지 못하고 말없이 술잔을 들 뿐이었다. 그들의 시답잖은 농담에도 가벼이 웃지 못하고 점차 생명력을 잃어가고 있었다. 그 시기에 「레옹」을 다시 보게 되었다.

그때 내 눈에 들어온 건 주인공 레옹도, 마틸다도 아닌 레옹이 늘 품에 지니고 다니던 화분이었다.

킬러로 살아가는 레옹은 매일 밤 의자에 기대 불편

한 잠을 잤다. 그런 그가 아침에 눈을 뜨자마자 가장 먼저 하는 일은 창문을 열어 주변을 살핀 후, 자신의 반려 식물에 볕을 쬐어주는 일이었다. 마틸다와 함께 지내게 된 이후로 마틸다가 종종 화분을 밖에 내어주기도 했지만, 잎을 하나하나 닦고 정성스레 돌보는 건 레옹의 몫이자 유일한 낙처럼 보였다.

그걸 무척 사랑하는군요?
모처럼 한가로운 오후, 분무기로 물을 뿌리며 식물의 잎을 세심히 살펴보는 레옹에게 마틸다가 묻는다.
제일 친한 친구야. 항상 행복해하고 질문도 안 해. 봐봐, 나 같지. 뿌리도 없거든.
정말로 사랑한다면, 공원에 심어 뿌리를 내리도록 해야 돼요.

여기가 좋겠어요, 아저씨.
영화는 마틸다의 대사처럼 공원에 화분 안의 식물을 옮겨 심으면서 마무리된다. 엔딩 장면에서 부감 샷으로 화면이 멀어지며 흘러나오는 스팅의 'Shape Of My Heart'의 전주를 듣는데, 긴 한숨과 함께 굵은 눈물이 흘렀다. 그때 나는 속으로 다짐 같은 걸 했다.

저것을 몸에 새겨야겠다고. 항상 행복해하고 질문도 던지지 않는, 뿌리도 없고 뿌리를 내릴 필요도 없는 저것을 몸에 새겨 넣어야겠다고(후에 찾아보니 레옹의 반려 식물은 '아글라오네마'라는, 어느 환경에서도 무리 없이 자라는 식물이었다. 실제로 온도만 잘 맞춰주면 집에서도 수경재배로 키울 수 있어 몇 년 동안 작은 아글라오네마 스노우 사파이어를 방안에 두기도 했다).

*

그 이후로도 감춰둔 비밀을 고백하고 싶은 순간은 매 순간 있어 왔다. 발화하고 싶은 마음이 너무 커지면 글로 감정을 덜어내고 그 기록을 책으로 엮어냈다. 그것으로도 성이 풀리지 않을 때엔 몸 안에 하나둘 타투를 새겼다. 몇 종의 책과 몇 개의 타투……는 나와 같은 나이면서 또 다른 나이기도 하다. 하얀 피부 위에 새기는 그림과 백지 위에 적어내는 문장은 얼마나 다를까.

*

나는 언제쯤 당신에게 선뜻 속내를 터놓을 수 있을

까 자주 생각한다. 그것은 아마 소매를 걷어 올려 타투를 보여주는 마음과 크게 다르지 않을 것이다.

*

주저하는 마음은 예쁘다. 망설이는 발걸음은 아름답다. 말과 행동을 주저하고 망설인다는 건 상대방의 마음을 헤아리고자 하는 이들에게 찾아오는 버퍼링이겠지. 때문에 나는 수줍어하는 사람을 좋아한다. 대번에 많은 걸 보여주지 않고, 자신의 것을 소분하여 내놓는 그 모습이 제법 귀엽다. 오래오래 보고 싶은 것이다.

*

옷소매 위를 손으로 쓸어내린다. 몸에 새겨진 것들을 어루만진다. 나만 알고 있는 것들. 나만 알고 있어도 괜찮은 것들. 꼭 누군가에게 보여주지 않아도 괜찮다고, 꼭 누군가에게 보여지는 것만이 의미를 갖는 건 아니라고, 나를 쓰다듬는다.

당신은 모르실 거야

정재이

정재이

말과 글의 힘을 믿는다. 그 결과 언어를 옮기며 먹고살게 되었고, 이야기를 쓰며 지내게 되었다. 『내가 사랑한 화요일』, 『나다운 하루를 지켜가는 일』 등을 쓰고, 『완경 선언』, 『스웨트』, 『프레스 커트』를 한국어로 옮겼다.

"전보다 다채로워진 내 모습이 결국 알파벳 네 자리의
조합으로 국한되는 건 아쉽지만,
나는 나의 모서리가 둥글어졌다는 사실이 좋다."

나는 중간이 좋다. 요즘, 특히.

중국집에서 자주 볶음밥을 고른다. 자장면과 짬뽕을 적당히 맛보고 싶어서 그렇다. 어느 한쪽의 온전한 맛은 포기해야 하지만, 볶음밥을 주문하면 자장소스도 먹을 수 있는 데다가 덤으로 나온 짬뽕 국물도 한 입 넘길 수 있어 좋다.

얼마 전 카츠 가게에서는 등심카츠와 치즈카츠를 각각 주문해 함께 간 사람과 세 조각씩 나눠 먹었다. 담백한 등심 한 입, 부드러운 치즈 한 입. 양쪽을 오갈 수 있어 흡족하다. 이런 나를 본 누군가가 내 성격이 두루뭉술하다고 판단했는지 실제로 그런 편이냐며 알파벳 네 자리를 묻는다. 아, 살짝 곤란하다. 나의 폭로는 즐거움이 될까 낙인이 될까. 머뭇대다 이실직고한다. 가벼운 탄성을 듣는 것으로 만족한다.

사실대로 말하기를 망설이는 데는 이유가 있다. 나는 어느샌가 회색 지대에 안착했기 때문이다. 외향적이지만 내향적이고, 현실적이면서 직감에 의존하고, 논리를 따지지만 감정이 풍부하다. 마감을 코앞까지 미루는 일은 여전히—아마 앞으로도—할 수 없으나 이전만큼 '미리미리'를 외치지 않는다는 점에서 융통성이 생겼다. 그런데 자기소개를 하는 모든 자리에서 사족을 붙일 수는 없으니 네 자리 코드만 언급해야 할 때는 조금 찜찜하다. 입안에서 말이 맴돈다.

제가 내향적이긴 한데 막, 극 내향인은 아니고요, 사연을 듣자마자 감정을 이입하는 미간살인마는 더욱 아니고, 통제형이긴 한데 그렇게, 막, 분 단위로 살지는 않고요······

갑자기 조금 억울하다. 왜 나는 '걸친 자'가 되어 가고 있는가. 분명한 사람이 되기를 원하지 않았던가?

기원전부터 브랜딩의 기초를 설파했던 소크라테스의 말 대로 나는 자기 자신을 분명히 아는 이들이 부러웠고, 그것을 깨우친 삶을 꿈꿨다. 전례 없이 획기적인 (내 기준이다) 성격유형검사 덕분에 진정한 나를 찾은 것 같아서, 내가 무척 바라왔던, 나를 명확히 아는 자가 된 것 같아 얼마나 기뻤는데! 한 마디로 설명할 수 있었던 성격에서 한 마디로 설명되지 않는 성격으로 변화하다니. 겨우 올라온 산 정상이 신기루였음을 알게 된 것 같아 허탈하다. 안개가 걷힌 자리에 약수터가 아니라 갈림길이 있을 줄 누가 알았을까.

억울한 면이 있기는 해도 생각해 보면 한쪽에 치우친 삶이 언제나 사랑스러웠던 것은 아니다. 그놈의 예의를 과하게 차리다가 되레 손해를 보고, 혼자 잘해주고 상처받고, 계획이 망가지면 극도의 예민함으로 주변을 불편하게 했다가, 외로운 마음은 무조건 숨긴 탓에 그런 기분 같은 건 느끼지 않는 줄 알았다고 여러 번 오해받았다. 아니? 사실 나는 단단해 보이는 개복치란다, 친구들.

말 그대로 단단해 보이기만 할 뿐, 살짝만 보듬어주면 속마음을 술술 불다가 울음을 터뜨린다. 언니 제가 사실 속상해요, 언니 쟤가 사실 부러워요. 내가 이럴 때마다 나의 뒷면을 아는 친한 언니는 김밥집에서 돈가스를 썰고 마라탕집에서 꿔바로우를 자르다 결국 음식의 김이 식을 때까지 얘기를 들어주곤 했다. 분명 속으로 이렇게 말했을 것이다. 얘 또 시작이네.

오른손이 한 것을 왼손이 모르게 하라고 배웠지, 내 속에 어떤 내가 있는지 아무도 모르게 하라고 듣지는 못했다. 한쪽으로 치우쳐서 괴롭게 살라고 태어나지도 않았다. 중간자에 가까워지는 일은 극에 치우쳐 나 자신까지 힘들게 했던 내 성향이 누그러졌음을 증명하는지도. 나이가 들수록 본연의 자신을 꺼내 놓는다고 하던데, 그렇다면 이런 내 성격은 태초부터 정해져 있던 걸까?

그래, 무남독녀로 태어난 것이 출발점일지도 모른다. 아들이자 딸, 장녀이자 막내를 아울러야 하니까. 글쎄, 선생님으로 일했던 적이 있어서 그런가. 선생님은 학생들 앞에서 슬프고 기쁜 마음을 쉽게 드러내면 안 되고, 솔로몬처럼 의롭게 교실을 운영해야 해서 두 얼굴을 갖게 됐을지도 모르겠다. 아니, 역시 회사라는 울타리 없이 내 손으로 먹고살아야 하는 세계에 뛰어든 때였을까.

이곳은 전문적인 얼굴이 조금이라도 흔들리면 그동안 밀어 올린 바위가 순식간에 도로 내게 떨어지는 세계다. 그렇기에 다 몰라도 다 안다고 대답한다. 이름 석 자를 거는 삶은 상당한 불안감을 동반하는 일이다. 글과 맞춤법으로 인간성을 평가받으며, 빠르게 대처하지 않으면 다음 기회는 없다―번역을 할 때나 글을 쓸 때나. 실패하면? 형벌이다.

형벌의 굴레가 두려운 만큼 침실의 전등을 오래도

록 끄지 못한다. 보이지 않는 곳에서 맘껏 울고 불안해야 남들에게 보여지는 세상에서 단단한 척할 수 있다. 그들은 확실한 사람을 좋아하고 분명한 대답을 요구하니까. 매력적인 사람이 되려면 투명 망토를 둘러서 우왕좌왕하는 나를 숨겨야 한다. 멋있는 언니이자 누나가 낫지, 기댈 어깨만 찾아다니는 사람은 짠내 나니까.

얘기가 나온 김에, 스스로에 대해 재밌다고 생각하는 부분이 있다면 의외로 잘 잊는다는 점이다. 신기하게도 번역한 글과 직접 쓴 원고의 내용을 기억에서 지운다. 밥벌이가 되어 주는 두 가지 영역을 잘 잊는다는 게 모순이지만 정말로 그렇다. 가령 잡지에 실릴 별자리 운세를 번역해 줄 때가 있는데, 내게 금전운이 따른다는 내용을 번역하며 설레다가도 번역본을 송고하고 나면 그런 내용이 있었는지 잊어버린다(그래서 금전운이 없나?).

운동에 관한 책을 번역할 때도 그랬다. 8개월의 복싱 경험을 떠올리며 신나게 글을 옮긴 것은 기억나는데, 저자가 들려준 복싱의 과거사와 고대 설화 내용은 마감과 함께 흐릿해졌다. 9년 차 번역가라는 압박 속에서 숨쉴 구멍을 만들려고 잊게 된 걸까? 그런데 또 사람에 대한 것은 잘 기억한다. 함께 먹었던 음식, 그때 내게 해준

말, 같이 바라본 풍경… 우리가 그런 일을 했었냐고, 어째서 그렇게 하나하나 다 기억하는 거냐고 되묻는 그의 앞에서는 상처받지 않은 듯한 얼굴로 결심한다. '나도 앞으로 대충 기억할 거야. 무심해질 거라고!'

    나는 겁도 많다. 흐르는 대로 사는 법을 몰라서 이대로 전진해도 좋을지 수백 번 고민한다. 어느 날의 도쿄 여행에서 거침없이 목적지를 찾아갔다가 막상 현관 앞에서 들어갈지 말지 고민하는 나를 발견한 적이 있다. 이곳에 찾아온 것이, 여기서 시간을 보내는 것이 좋은 선택일지 순간 고민이 되어서 그랬던 것 같은데, 왔으면 그냥 들어가면 될 것을, 갑자기 주춤하는 나를 보고 나도 내가 이해되지 않았다. 잘 가다가 갑자기 벽을 세운다. 대체, 왜? 너무 많은 경험을 기억하고 있어서 그럴지도.

    일단 해 보고 후회하자고 마음먹었지만 안 해 보고 만족한 적도 많아서 그럴 테다. 내가 번역한 글을 잘 잊는 것처럼 실패한 경험들도 잊어버리면 좋을 텐데. 그럴 수만 있다면 나는 정말로 분명한 사람이 될 수 있지 않을까. 동일한 MBTI를 가진 사람 중 이렇게 모순되고 중간자적인 사람은 없을 테니까!

    가끔 사람들이 내게 본인만의 색깔이 있어서 좋겠다

고, 어떻게 그런 모양을 갖추게 되었냐고 묻는데 나는 잘 모르겠다. 내 색깔이 있기는 한가. 별다른 이유 없이 걸어온 길을 되돌아가는 것이 나인데. 아, 나를 아는 일이란 애초에 가당찮은 것일까? 나는 처음부터 중간에 머무는 자로, 중간을 사랑하는 자로 계획된 것은 아닐까?

중간자적 인프제, 회색지대에 갇힌 선의의 옹호자. 극점을 향하던 화살표가 가운데를 향하고 있다는 것은 내 성향의 채도와 선명도가 낮아지고 있다는 뜻일 테다. 전보다 다채로워진 내 모습이 결국 알파벳 네 자리의 조합으로 국한되는 건 아쉽지만, 나는 나의 모서리가 둥글어졌다는 사실이 좋다.

실제로 내 퍼스널 컬러는 먹구름 색과 같은 '클라우디'이기도 하다. 가운데에 오래 머무를수록 여러 성향을 종횡무진하는 내 모습은 사람들과 깊이 교류해야 드러나겠지만, 상관없다. 모두에게 나를 설명할 필요는 없으니 말이다. 이상한 데서 예민하다가 이상한 데서 물렁물렁한 사람. 사람들은 야무진 정재이는 알아도 어벙한 정재이는 모를 테지.

2부
수많은 선택의 끝에 다다른 곳은 바로 지금

그대가 아는 것만큼 난 좋은 애가 아니에요

썸머

썸머

카메라 앞에서 연기할 때 가장 짜릿하고 행복합니다. 글을 쓰는 이유는 사랑과 용기를 얻어 추진력을 얻기 위함입니다. 『사랑은 물음표가 아닌 느낌표』, 『길을 걷다가 넘어지면 사랑』, 『최애가 되고 싶어』를 썼습니다.

"실은 누군가에게 소리쳐 말하고 싶어질 때가 있다.
그리 깊지 않은 곳에, 얇디얇은 손수건 한 장으로 덮어둔
그곳에 내 진심이 있다고. 휘이 하고 바람이 불면 금세 날아갈
그 가벼운 마음이 여기에 있다고."

그대가 아는 것만큼 난 좋은 애가 아니에요

"아라님은 응원해 주고 싶은 사람인 것 같아요. 그런 매력이 있어요."

'아니에요. 속고 있어요. 저 그렇게 좋은 사람은 아니랍니다. (하하)'

그냥 고맙다고 감사 인사로 마무리하면 되는데, 늘 이렇게 촌스러운 진심이 튀어나온다. 사람들이 나에게 순수하다며 사랑스럽다고 말해줄 때마다 가슴 한구석이 간지럽다. 아마도 나만이 아는 비밀스러운 마음이 노크를 하는 걸까. 양심선언이라도 하듯 말이다.

어릴 때부터 어떤 이유인지 모르겠지만 사람들은 나를 착한 사람으로 분류했다. 동생과 함께 피아노 학원 땡땡이를 계획했어도, 그럴싸하게 핑계를 대는 동생과 달리 나는 얼굴에 다 티가 난다는 이유로 '거짓말 탐지기' 역할을 해내 왔고, 그때마다 어른들은 나의 순도 100%의 얼굴로 거짓과 진실을 가려냈다. 순진한 내 동생이 늘 앞장서 총대를 멘 것은 사실이었지만 땡땡이의 신호탄을 먼저 울린 건 주로 나였다. 그 속내까지는 어른들의 눈에 비치지 않았던 모양이다.

그렇지만 나는 안다. 타인에게 거짓말을 잘못하는 것처럼, 나 스스로에게도 속일 수 없는 나의 진짜 마음. 거짓말을 잘 못한다고 해서 솔직한 건 아니다. 친구나 연인, 가족에게 거짓말을 한 적은 잘 없지만, 그렇다고 진짜 나의 속내를 털어놓는 것도 아니었다. 가볍고 우스운 이야기들은 잘 떠들면서도 어둡고 습한 마음과 뾰족하게 날이 선 감정들은 들이키지 않으려 애썼다. 에둘러 날 선 마음을 감추고 서늘한 감정은 외면했다.

깊은 관계일수록 언젠가의 다툼을 피해 갈 수 없다는 걸 알면서도 최선을 다해 피했다. 피할 수 없을 땐 즐기라는 말이 있지만, 부끄럽게도 나는 피할 수 없다면 결국 끝을 내는 쪽이었다. 깊은 관계에서 밀려오는 파도가 두려워 도망치다 보니 얕은 웅덩이 같은 관계만 늘어갔다.

사랑하는 이들 간의 다툼 앞에서도 마찬가지였다. 내가 할 수 있는 거라곤 괜히 엉뚱한 농담을 하며 모르는 척, 애써 상처받지 않은 척하는 것뿐이었다. 그땐 그게 모두를 지키는 안전한 방법이라고 믿었지만, 실은 그렇지 않았다.

진짜 내 마음을 알 길이 없는 사람들은 푹신한 쿠션 같은 나를 떠올리겠지만, 나는 얇은 손수건 한 장에 가까운 사람이다. 충격을 흡수하기엔 얇은 마음, 그러나 어디서든 펼쳐 앉을 자리를 만들 수 있는 손수건처럼 나를 필요로 하는 곳엔 기꺼이 향했다.

자신의 고민이나 비밀을 얘기해주는 이들을 만날 때면 납작한 마음을 크게 부풀렸던 적도 있다. 그저 편안하게 해주고 싶어서 커다란 비밀 앞에서도 놀라지 않은 척했고, 누군가의 깊은 슬픔과 고민을 들은 날이면 그를 위해 진심으로 기도했다. 입이 무거운 편이라 다행이었지만, 그런 탓에 내 진심도 쉽게 꺼내지 못하는 걸까.

생각해 보면 어릴 때 나는 엄청난 고집쟁이에 떼쟁이었다. 유년 시절 앨범을 보면 죄다 울고 있다가도, 그 다음 장을 넘기면 빨갛게 부은 눈으로 의기양양하게 양손에 추로스를 들고 활짝 웃고 있다. 울고불고하며 원하는 것을 기어코 얻어내고야 말았던 나는 어디로 갔을까.

그때는 그럴 수 있었다. 작고 귀엽다는 특권으로—

세상과 나 말고는 다른 것은 보지 못하는 작은 눈과 아직 닿아보지 못한 세상이 훨씬 많았던, 말랑말랑한 보드라운 발바닥을 가졌던 그때는 그럴 수 있었다.

그런데 지금은 내가 보이는 동시에 너무나 많은 것들이 한꺼번에 보인다. 내가 털어놓은 고민보다 더 크게 날 걱정할 사람들의 얼굴과 눈앞에 놓인 현실과 상황들 앞에서—다시 점검하듯 내 안을 들여다보면, 그렇게 큰 고민이 아닌 것처럼 느껴지기도 했다. 그렇게 넘기고 넘기다 보면, 정말로 괜찮아지기도 했으니까.

혼자 살게 된 후로 혼자 고민하는 시간이 더 늘었지만 마냥 외롭거나 쓸쓸하지만은 않다. 오히려 마음을 자주 들여다볼 수 있는 시간이 많아져서 좋다. 마음이 답답할 때면 수화기를 드는 대신 걸레대를 들어 바닥을 닦는다. 뽀얗게 먼지가 앉은 거울 뒤에 숨은 구석을 닦을 때면, 방치해둔 내 마음속 그늘에도 빛이 드는 것처럼 개운해진다.

어쩌면 마음의 고민을 누군가에게 소리 내어 꺼내는 것보다, 고요히 돌봐주는 시간이 더 확실한 방법일지도 모른다. 그럼에도 실은 누군가에게 소리쳐 말하고 싶어질 때가 있다. 그리 깊지 않은 곳에, 얇디얇은 손수건 한 장으로 덮어둔 그곳에 내 진심이 있다고. 휘이 하고 바람이 불면 금세 날아갈 그 가벼운 마음이 여기에 있다고 말이다.

그리 다정하지만도, 밝지만도 않은 내 마음도 있는 그대로 사랑해 줄 수 있겠느냐고 묻고 싶다.

언제든 허물어질 마음을 안고서

요즘은 못해도 한 달에 한 번씩은 꼭 부부싸움을 한다. 아직 결혼은 안 했지만 때때로 나에겐 미운 남편이 생긴다. 꾸준히 훈련하고 있는 마이즈너 테크닉[1] 연기 워크숍에서 관계 엑서사이즈(2인이 각자 주어진 관계와 설정을 갖고 상황 속에 들어가 즉흥적으로 반응하는 훈련)를 할 때가 그렇다. 이 훈련의 목표는 자신에게 주어진 상황과 관계를 믿는 힘을 기르고, 서로에게 진실되게 영향을 주고받으며 순간에 진실되게 살아가는 것에 있다.

매번 다른 관계와 설정이 주어지는데, 그 상황 안에서 두 사람(A, B)은 서로 상충된 목표를 갖고 있다(예를 들면 A는 헤어지고 싶고, B는 결혼을 원한다). 대화를 통해 몰랐던 상대의 이야기를 듣게 되고, 서로에게 영향을 주고받는다. 그런 과정 속에서 처음에 가졌던 목표가 더 뚜렷해지기도 하고 반대로 흔들리기도 한다. 이전의 마음이 사라지고 새로운 마음이 들어섰다면, 그대로 진실된 선택을 해야 한다. 그게 나의 진짜 마음이니까.

살면서 가족 외에 누군가와 소리 내어 싸워본 적이 한 번도 없는 나에게 관계 엑서사이즈는 단순히 연기 훈련을 넘어 새로운 세계가 확장되는 경험이었다. 숨기지도 꾸미지도 않은 날것의 진짜 마음을 꺼내 놓고도 끝까지 도망치지 않고 서로를 바라보며 계속해서 영향을 주고받을 수 있다는 건, 대단한 용기인 동시에 사랑처럼 느껴졌다. 끝까지 바라볼 수 있는 힘은 나에게 카타르시스[2]를 느끼게 해주었고, 해방감과 함께 살아있다는 생의 감각을 일깨워주었다.

"아라님, 궁금한 게 있어요. 훈련하면서 느꼈던 건데, 왜 눈은 상대를 사랑하고 미안해하면서 입술로는 모진 말을 하는 거예요?"

---

1) 미국의 연기 교육가 샌포드 마이즈너(Sanford Meisner)가 고안한 연기 훈련법으로, '상대에게 진실되게 반응하라(Acting is reacting)'는 원리를 기반으로 한다. 배우가 대사나 설정에 얽매이지 않고, 매 순간 상대의 행동과 감정에 진실하게 반응하는 것을 목표로 한다.
2) 그리스어로 '정화(淨化)'를 뜻하며, 예술이나 체험을 통해 인간이 억눌린 감정이나 욕망을 해소하고 마음의 긴장과 불안을 풀어내는 심리적 정화를 의미한다.

훈련이 끝나고 날아온 예상치 못한 피드백에 나는 제대로 답을 할 수 없었다. 늘 함께 훈련하며 누구보다 가까이서 날 지켜본 동료였기에 그의 피드백을 가볍게 넘기고 싶지 않았다. 남은 워크숍 기간 동안 오고 가며 마음을 돌아보고 들여다봤다. 그리고 마침내 워크숍 마지막 날, 그 피드백에 대한 답을 할 수 있었다.

"저는… 상대에게 아직 사랑하고 미안한 마음도 분명 있지만, 그걸로 제 마음이 설득되진 않았던 것 같아요. 그를 사랑하고 미안한 마음들이 더는 미래를 향해 있지 않아서 헤어지고 싶었어요. 일부러 못되게 말해야 끝낼 수 있을 것 같아서 그런 선택을 한 것 같아요."

그리고 덧붙였다. 언젠가는 이런 나의 확신이 흔들리고, 설득되는 순간을 경험해 보고 싶다고.

그로부터 약 한 달 뒤, 정말로 나에게 그런 순간이 찾아왔다. 때는 장면 심화 워크숍 날, 여느 때와 같이 관계 엑서사이즈 훈련을 하고 있을 때였다. 그날 나와 파트너에게 주어진 관계는 젊은 부부였고, 나는 장애를 가진 아이를 임신한 상태였다. 여러 현실의 벽과 두려움 앞에서 우리는 고심 끝에 아이를 지우기로 하고 병원에

도착한 상황이었다.

그런데 갑자기 수술을 앞두고 남편이 아이를 낳자고 했다. 나는 이제 와서 결정을 바꿀 수 없다고 울며불며 괴로워했다. 힘들겠지만 그래도 낳아서 잘 키워보자며, 내 손을 꼭 붙잡는 남편의 얼굴을 보면서 믿음직스럽기보다 속이 답답했다. 어렵게 다잡은 마음을 왜 이제 와서 다시 헤집어 놓는지 원망스러웠다. 장애를 가진 아이를 위해 내가 해줄 수 있는 게 없을까 봐, 그저 낳는 게 두려웠다. 우리는 마치 창과 방패처럼 "낳자"와 "그럴 수 없다"를 반복하던 중 수술 시간이 다가왔다. 남편은 이러지도 저러지도 못한 채, 엉엉 우는 나를 보며 딱 한 마디를 했다. 전혀 웃을 상황이 아니었음에도 그 순간 그의 얼굴이 귀여워 보여 웃음이 터질 뻔했다.

"아라야, 그러면 그냥 네가 하고 싶은 대로 하자. 어떤 게 더 편할 것 같아?"

어떤 선택을 하든 편할 수 없는 상황이었지만, 내 마음이 편한 대로 선택하라는 그 말 한마디에 굳어 있던 마음이 탁 풀리면서 일순간 먹구름이 걷히는 느낌이 들었다. 그제야 눈앞의 남편 얼굴이 제대로 보이기 시작했다. 나만큼 불안하고 두렵지만, 아이를 보고 싶어 하는 사람—내 남편. '내 아이'가 아니라 '우리의 아이'라는 자각이 들어오는 순간, 나는 마음을 바꿨다. 이 사람과 함께라면 어렵더라도 같이 헤쳐나갈 수 있지 않을까.

처음이었다. 상대의 말 한마디에 내 안에서 무언가가 와르르 무너지고, 그 무너진 틈 사이로 새로운 것이 자라나는 것처럼 마음 한가운데 뜨거움이 불쑥 솟아올랐다.

수술 여부에 관한 결정을 재촉하며 기다리는 간호사에게 아이를 지우지 않겠다고 말하고, 남편과 손을 잡고 나오는 그 마지막 순간까지 내 안에 알 수 없는 울컥거림과 대책 없는 믿음과 희망이 자라는 걸 느꼈다.

한 번도 싸워본 적이 없다는 건 결코 자랑이 될 수 없다는 걸 안다. 결코 착해서도, 분노가 없어서도 아닌, 믿음이 없어서였다. 나의 확신을 무너뜨리고 상대에게 기댈 수 있는 그 믿음이 부족해서 나는 그동안 숱한 싸움들을 저버렸다. 그런데 한 번 무너지고 나니까 너무 편하다. 그냥 마음껏 기대고 믿어보고 싶어졌다.

답을 정해놓지 않고 순간에 진실되게 산다는 건 어떤 걸까. 이제 조금은 알 것 같다. 언제든 허물어질 수 있는 마음으로 살아보고 싶다. 힘을 쭉 빼고서, 바람에 흩날리는 나뭇잎처럼.

삶 위에서 균형 잡기

강민경

강민경

삶을 이해하고 존중하고 그대로 받아들이기 위해 시와 산문을 쓴다. 『마음을 다하였다』, 『서른결의 언어』, 『언제 무너져 버릴지 몰라』, 『소란스러운 하루』, 『헤엄과 리듬』을 펴냈다.

"누군가 뺨을 치며 정신 차리라고 눈 떠보라고
소리치고 있었지만, 눈을 뜰 수 없었다. 내 몸은 멀쩡하지만,
내 정신은 망가지고 있다는 것을 들키고 싶지 않았다."

나는 모든 기력의 중심에 서서, 무중력 공간에 둥둥 떠 있다.

봉고차에 혼자 앉아 이동하고 있었다. 멍하니 스쳐 지나가는 높지도 낮지도 않은 빌라 단지를 바라보면서. 반납해야 할 옷들과 픽업해야 할 옷들 생각에 복잡하지도, 피곤해서 쓰러지겠다고 생각하지도 않았다. 그런 복잡한 생각들이 맞부딪혀 어떤 균형을 이루고 있었다. 이 말도 안 되는 균형에 미세한 진동을 느꼈지만 애써 외면했다. 나는 달리는 차 안에서도 멈춰 있었다. 금방이라도 무너지고 싶었지만, 그러지 싶지 않았다. 방지턱에 차가 덜컹하며, 기대고 있던 창문이 자잘하게 진동했다. 어쩌면 내 안의 균형도 흔들리고 있었을지도 모른다. 무엇도 포기하고 싶지 않았고, 무엇도 해낼 수 있으리라 생각하지 않았다. 그저 흔들리는 창문에 머리를 단단하게 고정해 기댈 뿐이었다.

매거진의 어시스턴트 일을 했다. 에디터가 되는 것이 꿈이었고, 공채로 들어가기엔 스펙이 아쉬웠던 나는 유일한 길이라 느껴졌던 어시스턴트 기회를 하늘에서 내려온 동아줄인 것마냥 꽉 잡고 있었다. 열정만 있으면 뭐든 할 수 있다고, 뭐든 견뎌낼 수 있다고 온몸이 불꽃인 양 태웠다.

처음엔 모든 게 반짝여 보였다. 화보 촬영하며 만난 강하고 화려한 사람들, 마감에 쩔어가며 어떻게든 원고를 써내는 일이 굉장해 보였다. 그 자리에 오래 머물다 보면 그들처럼 멋있고 굉장한 사람이 될 것만 같았다. 뭐든 열심히 그리고 잘 해내면 다 되기야 했을 것이다. 다만, 그 자리에서 스스로를 잃어갈 수 있다는 점이 나에게 치명적이었다.

"안녕하세요. 통화 가능하신가요? △△매거진 ○○팀 강민경입니다. 다름이 아니라 저희가 홀딩한 제품을 다른 곳에서 가져가셨다고 해서요. 저희가 **날 꼭 촬영을 해야 하는데, 퀵으로 바로 전달받을 수 있을까 해서요. 아… 그런데 사실 저희가 잘못한 부분은 아니라 퀵을 저희 이름으로 보낼 건 아닌 것 같아서요."

"안녕하세요, △△매거진 ○○팀입니다. 다름이 아니라 저희가 전에 가져갔던 제품을 누끼컷 촬영해서 브랜드 이름과 가격을 추가해야 하는데요. 가격 정보가 나와 있지 않아서요. 저희가 규정상 가격 미정이라고 내보낼 순 없어서요, 아시죠? 한 번 알아봐 주시고 이 번호로 전화 주시겠어요?"

상대에게 절대 말려들어 가선 안 된다고, 예의 있는 비취(bitch)가 되어야 한다고 배웠다(실제로 위 대화 통화를 끊자마자 "잘한다"는 칭찬을 들었다).

나는 짧다면 짧은 어시스턴트 시절, 죄송하다는 말을 삼키고 목소리에는 상냥함을 뺐다. 어시스턴트이지만 에디터처럼 고고한 척을 소름 끼치도록 잘했다. 손해 같은 건 절대 허용하지 않을 것 같이 감정을 빼고 일하면서 처음에는 상대가 얕보지 않는다는 생각에 우쭐했다. 나는 완벽히 이쪽 세계의 사람이 되었다는 승리감에 도취되었다. 그리고 얼마 지나지 않아 그건 '내'가 아님을 깨우쳤다. 아, 깨우쳤다기보다는 몸이 반응을 보였다고 할까?

그때의 나는 강해진 게 아니라 강해 보이는 법을 흉내 냈을 뿐이었다. 그때도 마음속으로 "강해 보이면 뭐가 나아지냐 18!"이라고 외치고 싶었을지도 모른다. 사람과 사람을 잇는 균형이 깨지고 내 쪽으로만 힘이 기울어지는 건 좋지 못한 일이었다. 힘의 균형이 깨지고 내 쪽으로 힘이 기울면, 그 힘의 무게를 견뎌내야 한다. 강한 사람이어야 한다. 하지만 그때 나는 견디면 다 되는 줄만 아는 사람이었다.

사람들은 내가 일이 힘들어, 과로를 못 이기고 쓰러져 새벽에 발견되었다고 생각했다. 실제로 어시스턴트 면접 때 "여기서 일하다 쓰러졌던 사람도 있어요. 쓰러지고 나서도 도망가지 않고 할 수 있겠어요?"라고 물을 정도로 업무가 힘든 편이었다. (그 당시 내가 일하는 곳 어시스턴트 자리는 1개월도 못 채우고 그만두는 사람들이 허다했고, 그것이 당연하게 받아들여졌던 세계였다. 쓰러지고 나서 다시 나타난 나를 선배들과 동료 어시스턴트들이 경악스럽게 바라봤었다. 뭐, 어쨌든.)

하지만 나는 일이 힘들었던 게 아니라 내가 아닌 나를 만들어내야 했던 게 고통스러웠다. 친절하고 싶을 때 친절하지 못하고, 상대방의 실수에 차갑게 굴어야 하고, 갑도 아닌데 갑인 척해야 했던, 에디터가 아닌데 에디터인 척하는 내가 역겨웠다. 새벽에 찬 바닥에 쓰러져있다가 사람들 소리에 깬 나는 뭔가 잘못되었다는 것을 느꼈다. 누군가 뺨을 치며 정신 차리라고 눈 떠보라고 소리치고 있었지만, 눈을 뜰 수 없었다. 내 몸은 멀쩡하지만,

내 정신은 망가지고 있다는 것을 들키고 싶지 않았다. 그제야 나는 버티는 법만으로는 삶이 제대로 살아지지 않는다는 걸 알았다.

내가 아닌 '나'를 연기해야 한다는 건, 어쩌면 사회인으로서의 숙명일 수 있다. 나는 그걸 극적으로 경험한 것일 수도 있다. 어시스턴트가 아닌 평범한 회사 생활부터 시작했다면, 차근차근 가면을 만들어 나갔다면 지금쯤 회사 만년 과장 자리는 꿰찼을 수도 있겠다……고는 못 하겠다. 내가 프리랜서를 고집하는 건, 출근 자체가 싫다는 표면적 이유와 더불어 '사람들, 군중, 모인 이들' 때문이다. 타인이 하는 말, 표현하는 감정을 나는 외면하지 못한다. 나는 사람들 사이에서 물들어가는 사람이고 싶지만 내 정서에 맞지 않는 걸 견뎌내기엔 유약한 사람이다.

이를테면, 사람들이 좋다고 하면 좋다고 동조하면서도, '별론데'라며 속으로 앓는다. 사람들이 욕하는 걸 안 보고 안 듣고 안 쓰지만, 때로는 '네 말이 뭐가 맞아'라면서 보란 듯이 보고 듣고 쓰고 싶다. 그리고 나는 이 간극이 몸으로, 질병으로 나타나는 예민한 사람이다. 잘 버티며 회사에 다녔더라도 언젠가는 이 간극에 치어 몸이 반응했을 거란 걸 본능적으로 안다. 사람들이 많을수록 영향은 크게 받고 균형은 깨지기 쉬우니까. 프리랜서를 택한 건 나를 위한 필사적 자기 보호였다. 최대한 그 간극을 덜 받으며 내가 나로 살 수 있도록.

    그리고 간신히 그렇게 산다. 잘 살 수 있는 방법을 찾았다고 해서 그 진동이 사라지는 건 아니지만.

    열정으로 정신을 태우고 나서 재 같은 시간을 흩날리고 나니 30대 후반이다. 10년이 넘는 시간이 지나서야 그 시절이 나를 '깨우치고자' 만들어진 것이 아님을 깨닫는다. 하늘은 그렇게 나를 위해 힘쓰지 않는다. 그저 내가 겪어야만 하는 것들을 조금 강렬하게 마주쳤고, 크게 깨우쳤으며, 그 바람에 극복하는 시간 또한 '드라마틱하다'고 착각했을 뿐이다. 불안장애로 집 밖에 나가지를 못하고, 방안을 입원실처럼 쓰며, 살아가야 하는 새로운 이유를 찾아내야만 한 것도.

    나는 그 시절 죽음에서 극적으로 벗어났다고 여기며 자랑해 왔는데, 실은 불안을 연료 삼아 살아가는 인생에 그런 큰 위기쯤이야 여러 차례 올 수 있는 것이었다. 20대의 치기, 당시로서는 일반적인 질환으로 여겨지지 않던 불안장애, 우울증이 예민한 기질과 쿵짝이 잘 맞았던 거다. 그럼에도 그걸 미리 깨닫지 못하고 지금에 와서야 알았다는 게 창피하지는 않다. 그렇게 힘든 시기를 견뎌냈다고 자랑하던 시간도 있었고, 그 또한 잘 살기 위한 선택이었다(고 위로한다). 균형이 깨지는 걸 무서워하는 시간에서 벗어나, 흔들려 깨져도 시간은 굴러간다는 걸 이제는 안다.

손톱이 조금 자랐을 때 '지금 깎기엔 애매한데?'라며 며칠을 두었다가 순식간에 길어져 깜짝 놀랄 때가 있다. 손톱을 바짝 자르고 조금 자랐을 때의 시간은 억겁 같고, 조금 자랐을 때와 길어졌을 때의 사이는 찰나다. 물리적으로 시간은 공평하게 흘러간다. 하지만 우리는 억겁과 찰나 사이에서 살아간다. 나는 그 차이를 꽤 잘 느끼는 사람이고, 나와 비슷한 이들도 그리 느끼리라 짐작한다. 감정이 끓을 때 우리는 시간을 억겁 혹은 찰나처럼 느낀다. 손톱 또한 갑자기 바짝 돌아날 리 없고, 그저 시간의 흐름을 모르고 살다 길어진 손톱에 그저 놀랄 뿐이다.

그 시간에 나는 어떤 모습을 하고 있었는지를 떠올려 본다. 시간이 지나는 걸 잊을 정도로 푹 빠져있던 건 무엇이었을까? 의미 있는 감정들이었을까? 아니, 의미야 당연히 있을 테고 나는 거기서 무얼 깨우쳤을까? 지나친 일에도 의미를 부여하고, 그 의미가 내 미래를 좌지우지할 수 있다는 직감 같은 걸 가진다. 그래서 그걸 놓칠까 봐 두려워한다. 어떤 시간은 나에게 중요한 가치를 깨우치게 할 거라고, 그 기회를 놓친다면 어영부영 살다가 죽는 거라고. 어쩌면 지난 시간을 되돌아보는 지금도 그 기회를 놓치지 않기 위해 몸부림치는 일 중 하나일 것이다.

나는 아직도 사람과 부딪혀 내가 가진 균형이 깨지는 것이 힘들고, 웬만하면 피하려고 애쓴다. 다만 나이로 얻은 지혜가 있다면, '그건 그저 현재'라는 걸 안다는 점이다. 손톱이 길어지면 자르면 되고, 지나간 시간은 자른 손톱과 같다. 그저 잘 깎였는지만 보고 버리면 된다. 그것이 나의 예민한 진동으로 깨질 균형에 대한 대비책이다.

이면지에 쓴 글

장혜영

장혜영

고독의 레이더를 가동해 사랑하는 순간들의 고독을 수집합니다. 방송작가로 일하며 꾸준히 에세이를 쓰고 있습니다. 『나는 계속 글을 쓰게 될 것만 같다』, 『밤의 기차』를 쓰고 만들었습니다.

"업무 내용이 잔뜩 인쇄된 종이 뒷면. 뒤집힌 글자들이
어른어른 비치지만, 더 진한 볼펜으로 속엣말을 써 내려가 본다.
나만의 고유한 필체가 한 면을 가득 채우도록."

토요일 밤 10시가 넘은 시각, 홀로 집 근처 메가박스를 찾았다. 연애할 때나 종종 왔었던 영화관을 몇 달 만에 혼자 찾은 건, 보고 싶었던 영화가 개봉한 것도, 한가하게 여유를 즐기기 위함도 아니었다. 머릿속을 시끄럽게 하는 잡생각에서 벗어나, 스크린 위에 펼쳐지는 하나의 이야기에 집중할 수 있는 그 두 시간이 절실했기 때문이다. 평일 내내 밤늦게까지 일했고, 심지어 주말인 오늘도 온종일 일을 붙잡고 있었다. 쉬어도 된다는 선배의 말에 드디어 잠깐의 틈이 났다. 밀린 잠을 잘 수도 있었지만, 충동적으로 심야 영화표를 끊었다. 일과 멀어져 잠깐 환기를 시킬 수 있다면. 그래, 딱 그 두 시간이면 다 괜찮아질 것 같았다. 나에게 작은 보상을 주고 싶은 마음이었다. 잠자는 시간도 줄여가며 일만 하던 일주일을 원망이나 분노 없이 말끔한 심정으로 보내줄 수 있었는데. 영화 상영 10분 전, 전화가 걸려 왔다.

"혜영아, 대본 흐름을 바꾸는 게 맞는 거 같은데. 지금 해줄 수 있어?"

"아…… 제가 지금 밖이긴 한데요."

전화기 너머로부터 불편한 공기가 전해졌다. 한 시간 이내로 해결할 수 있는, 큰 문제는 아닌 일이었다. 하지만 영화를 보느라 일을 미루기에 두 시간은 너무나 긴 시간이었다. 게다가 영화를 마음 편히 볼 수 있을 리 만무했다. 항상 커다란 가방에 이고 지고 다녔던 노트북을 왜 하필 이날은 챙겨오지 않았을까.

통화를 마치고 영화관 로비 귀퉁이에 서서 잠시 고민에 빠졌다. 달콤한 팝콘 냄새가 후각을 마비시켰고, 영화관 로비를 오가는 사람들의 웅성거림이 귓전에 맴돌았다. 잠시 넋이 나갔던 것 같다. 시계를 들여다보니, 이미 영화가 시작하고도 남았을 시간. '하는 수 없지.' 영화표를 주머니에 구겨 넣고는, 곧바로 집으로 향했다. 영화관까지 헛걸음한 것도, 푯값을 어처구니없이 날린 것도, 겨우 얻은 휴식 시간이 엉망이 된 것도 전혀 화나지 않았다. 마치 일어날 일이 응당 일어났다는 심정. 오히려 평온함까지 느끼며 집 앞에 도착해 현관 도어락 키패드에 비밀번호를 누르는 그 순간. 가슴 속에 작은 불꽃이 일렁였지만, 서둘러 그것을 두꺼운 천으로 덮어버렸다.

노트북 앞에 앉으니, 제자리를 찾은 것처럼 마음이 편안해졌다. 빠르게 일 처리는 끝마쳤지만, 뒷맛이 씁쓸했다. 이런 상황을 겪는 게 하루이틀도 아닌데 새삼스럽게……

아빠의 암 수술 날, 회의 때문에 뒤늦게 병원으로 향했었다. 덜덜 떨리는 엄마의 손을 너무 늦게 잡아줬다. 할아버지가 세상을 떠난 날에는 장례식장에 딸린 작은 방에 웅크린 채 몰래 일해야 했었고, 할머니가 돌아가셨을 땐 화장터에 함께 가지도 못한 채 길 잃은 아이처럼 엉엉 울며 홀로 기차역으로 향해야 했었다. 그러니 오늘 겪은 일은 아무것도 아니었다. 당일에 약속을 취소하는 일도 부지기수, 주말과 공휴일에 일하는 건 당연지사. 몇 달 내내 하루도 못 쉬고 일했던 적도 많았다. 조금은 자조적인 마음이 들었다. '내가 전 세계를 오가며 스케줄을 소화해야 하는 블랙핑크 멤버도 아니잖아. 생명을 다루는 응급구조사나 대학병원의 의사도 아니고.' 그런데 생방송도 아닌 프로그램에서조차 왜 항상 촌각을 다투듯 일해야 하는지 이해되질 않았다. 하지만 벌써 이렇게 일해 온 지도 10년이 넘었는데, 지금에 와서 업무 환경과 시스템, 노동 시간과 처우를 따지는 것도 웃기는 일이었다.

몇 년 전, 이 부분에 관해 치열하게 고민한 적이 있다. 그리고 그때 내가 내린 결론은 '어쩔 수 없다'였다. 추가 수당도 없이 하루를 온전히 일에 쏟아야만 하는 게 부당해서 항의도 해보고, 이렇게는 도저히 못 하겠다고 선언도 해보고, 다 때려치우고 전혀 다른 직종에서도 일해보기도 했지만. 결국 이곳으로 돌아왔다. 이 일이 좋은 건지, 일이 주는 도파민에 중독된 건지, 아니면 할 줄 아는 게 이것뿐이어서 어쩔 수 없이 돌아온 건지. 돌이켜봐도 단 하나만의 이유를 댈 수는 없다. 오랫동안 자신을 괴롭히며 고민한 것 치고는 맥없이 끝나버린 결정에 자기합리화라도 필요했던 걸까. 세상에 직업은 다양하고, 그 개수만큼의 근무 형태가 존재하는 거라고. 이 직종은 원래 그랬고, 계속 그럴 거고, 앞으로도 변하지 않을 거란 걸 인정했다. 그렇게 받아들이기만 하면 모든 게 해결될 일이었다.

이후로 나는 의구심과 반항심을 내려놓고, 모든 면에서 수용하는 쪽으로 태도를 바꾸었다. 일 때문에 그 무엇을 포기하게 되어도 동요하지 않으려 애썼다. 어떤 억울한 일이 벌어져도 그러려니 했다. 직업은 그저 직업. 일은 그저 일. 돈을 벌고 생계를 꾸릴 수 있으면 그만. 그 안에서 벌어지는 온갖 행태는 차치해두기로 했다. 그렇다고 힘들지 않은 건 아니었지만, 세상 사람들 모두 힘들게 사는데 굳이 나라고 힘들지 않아야 할 이유는 없다는 생각으로 자신을 스스로 다독였다. 불쑥 화가 치솟거나 의심이 들어도 꾹 억눌렀다. 한편으로는 이런 감정을 느끼는 내가 부끄럽기도 했다. 분명 예전에는 몸과 마음, 내가 가진 시간을 다 바쳐도 아깝지 않다고 생각했는데. 성취감으로 충만했던 때가 있었는데. 그때의 순수한 열정은 검은 재가 된 듯 모두 사그라들고, 정확히 원하는 게 무엇인지도 말할 수 없는 애매모호한 인간이 된 것만 같았다.

애매모호한 인간은 어정쩡하게 서 있을 수밖에 없다. 어색하게 존재하는 느낌. 어느 순간, 나의 애매한 면면을 분리해서 작아진 면적을 얄팍한 성취로 채우기 시작했다. 열정적으로 분주하게 서울살이하는 나, 시청자를 웃기는 예능 프로그램을 만드는 나, 진지하고 느긋한 면을 드러내는 산문을 쓰는 나. 이곳에서의 나와 저곳에서의 나, 이 글 속의 나와 저 글 속의 나. 여러 개로 나눈 면들 사이에서 균형을 꾀하려고 했다. 그즈음 처음으로 책을 독립출판하게 됐고, 책날개에 이렇게 적어넣었다.

사람은 모두 다면체라고 생각합니다. 그저 어떤 면이 조금 더 넓고 어떤 면은 좁은 거겠죠. 잘 맞진 않아도 서로의 면을 맞댈 수 있다면 좋겠습니다.

당시에는 사람은 제각기 다양한 면을 가지고 있으니 서로 맞추며 살아가자는 뜻으로 적어냈지만, 이 속뜻에 다른 의미가 섞였다는 걸 시간이 흐르고 알았다. 나의 구린 면이나 석연치 않은 면도 하나의 면이라고 우기며 이해받고 싶은 심리가 반영됐다는 걸. 진지하고 재미없는 인간인 내가 예능 프로그램을 만드는 모순에 대한 은근한 항변. 희희낙락하는 방송 대본을 쓰면서도 내가 쓰는 진짜 글은 따로 있다며 내심 가졌던 모종의 허영과 자부심. 어찌 됐든 지금 이곳에 어울리지 않는 나의 면도 정당하게 존중받아야 한다고 말하고 싶었던 건 아니었을까. 결국 그 어떤 면에서도 충만하지 않은 상태로, 완벽히 분열한 나에게 쥐여준 가면 같은 문장이었을지도 모르겠다.

한참을 바쁘게 살던 어느 날, 친구가 우리 집에 일주일 정도 머물게 된 적이 있다. 독일에서 유학 중인 친구가 방학을 맞아 귀국했다가, 잠시 서울에 일정이 생긴 김에 우리 집에서 함께 지내게 된 거다.

당시 나의 생활 패턴은 이랬다. 아침 업무의 시작은 대중없다. 아침 일곱 시였다가, 여덟 시였다가, 회의가 있는 날은 느지막이 점심시간에 출근했다. 회의가 없는 날에는 재택으로 하루에 평균 열두 시간 정도를 일했는데, 낮에는 카페에서 일하다가 카페가 문을 닫는 밤 시간대에는 독서실에서 새벽까지 작업을 이어 나가는 식이었다. 한 달에 하루나 이틀 정도 쉴 수 있다면 다행이었다. 친구랑 함께 지내는 일주일 동안, 얼굴을 마주하기도 쉽지 않았다. 먼저 잠든 친구를 깨우지 않도록 조심조심 귀가하고, 아침에 잠깐 인사를 나누는 정도였다. 일주일은 무서운 속도로 흘러갔다.

그나마 짬이 나서 대화할 기회가 생기면 돈 벌어서 병원비로 다 나가게 생겼다, 옛날에 노비도 잠은 재우면서 일을 시켰다, 이렇게 사는 건 일이 많고 적음의 문제가 아니라 인권이 달린 문제다, 이런 뼈 아픈 소리를, 하루는 우스갯소리처럼 또 어떤 때에는 중대한 사안처럼 나누었다. 은근한 충격으로 다가온 건, 나에게는 당연한 일상이 다른 사람의 눈에는 심각한 인권 침해 현장으로 보인다는 거였다. 친구는 나의 일주일을 관찰하고는 진심 어린 걱정을 남겨두고 떠났다. 팔은 안으로 굽는다고, 고생하는 내가 안쓰러워 보였을 뿐이겠지만 친구의 사뭇 진지하던 표정은 며칠 동안의 여파를 남겼다. 나 역시 내 처지를 모르던 건 아니었다. 하지만 아주 오랫동안 나는 계속해서 무너지고 있었고, 그 상태에 무뎌지고 있었다는 건 부정할 수 없었다.

'무엇을 위해 이렇게 사는 거지?'

습관으로 굳어져 버린 성실은 의미와 목적을 잃은 뒤에도 힘차게 굴러갔다. 정작 중요한 것은 다 빼먹고 관성에 의해 굴러가기만 했다. 삶의 우선순위는 뒤죽박죽 엉망이 돼 버렸다. 그 사이 나의 다면체는 산산조각이 났다. 어느 날 거울을 보며 생각했다.

단단하고 묵직한, 입체적인 다면체로 상상해 왔던 자아는 어쩌면 잘게 부서진 수많은 알갱이가 모여있는 형태에 지나지 않는 건 아닐까. 참고 억누르며 솔직하지 못했던 순간들로 구성된 나. 이 작은 알갱이들은 다른 누군가와 맞닿았을 때, 어떤 장소에 도착했을 때, 해야 할 일에 직면했을 때 큰 면적을 맞대지 못하고, 그저 바닥에 쏟아진 플라스틱 진주알처럼 이리저리 튕기고 사방으로 흩어지는 것만 같았다. 이대로라면 살면서 어디에도 달라붙을 수 없고, 어떠한 궤적도 남길 수 없겠다는 생각마저 들었다.

사람들 사이에 앉아 있을 때면, 내가 마치 인자한 미소를 띤 석상처럼 느껴질 때도 있었다. 겉으로 보기엔 무게감 있고 단단해 보이지만, 속에는 가벼운 알갱이들이 팝콘처럼 언제든 튀어 오를 준비가 돼 있는 줄은 아무도 모를 것이다. 때때로 가슴 속에서 불꽃놀이가 벌어진다. 알갱이들이 부딪치며 휘황찬란한 불꽃으로 팡팡 터진다. 터지고 쪼개지고 쏟아지고 부서진다. 안에서 어떤 일이 벌어지든 석상은 고요한 미소만을 짓고 있다. 그만큼 감쪽같이 숨겨낼 수 있다. 분명 숨겨낼 수 있었다. 그렇게 믿었다.

그날은 여느 날과 다름없이 대본 작업을 위해 독서실에 6시간짜리 시간권을 끊어두고 머리를 쥐어뜯으며 골몰하던 하루였다. 자격증 시험을 준비하는 직장인, 앳돼 보이는 학생들과 수험생들이 주변 자리를 지키다 사라지기를 몇 차례, 새벽이 되자 결국 모두 떠나고 혼자 남았다.

네 뼘 너비의 좁은 책상에 앉아, 대본을 한 줄 한 줄 적어 내려간다. 그리고 문장 단위로 질책이 이어진다. '이렇게밖에 못 써? 적절한 표현이 맞아?' 이런 생각이 들면 썼던 문장을 지우고 한참을 키보드 위에 손가락을 얹어둔 채 빈 화면을 응시한다. 답은 쉽게 나오지 않고, 순식간에 휘발된 집중력은 판단을 방해한다. 답은 뭐지? 답이 뭘까. 답이 있기는 할까. 다른 사람들의 마음에 들 법한, 회의 때 문제없이 넘어갈 만한 문장들을 잔뜩 적어넣다가 다시 멈추고는, 노트북 화면을 뚫어져라 바라본다. 그러는 사이 독서실에 예약해 둔 시간은 속절없이 흘러가고, 초조함이 발끝부터 서서히 밀려 올라온다. 스스로 만들어놓은 덫에 여린 발목을 내어주듯, 조급함을 차마 거스르지 못한 채 네 뼘짜리 책상에 앉아 돌처럼 굳어간다.

그 순간, 가슴께에 진흙이 차오르는 것처럼 답답함이 밀려왔다. 속이 터질 것 같기도, 콱 막혀서 굳어버릴 것도 같았다. 숨이 잘 쉬어지지 않고 머릿속이 새하얘졌다. 좁은 책상을 벗어나 서둘러 밖으로 향했고, 찬 바람을 쐬고 나서야 조금 괜찮아지는 듯했다. 그렇게 정처 없이 배달 오토바이만 간간이 지나다니는 새벽의 길거리를 걸었다. 발길 닿는 대로 걷다가 도착한 곳은 인근에 있는 놀이터였다.

아무도 없이 어둠 속에 잠긴 놀이터는 마치 낮 동안 꿈처럼 빛나다가 밤이 되면 은밀한 계획을 꾸미는 비밀기지 같았다. 놀이터의 푹신푹신한 바닥을 밟아보다가, 나무 의자로 된 그네에 걸터앉았다. 아무 생각도 하지 않으려고 노력하며 요람처럼 흔들리는 그네의 움직임에만 집중했다. 다만 한 번 힘을 받은 그네가 쉽게 멈추지 않듯 생각을 멈추려고 해도 멈출 수는 없었다. 쏟아져 나오는 질문과 생각들은 꼬리에 꼬리를 물고 늘어졌다.

재미없는 사람도 재미있는 걸 만들 수 있나. 1분짜리 웃긴 영상도 빨리 감기로 보는 시대에 이렇게 길고 진중한 글을 쓰고 있는 내가 누굴 웃긴다고? 그렇다면 내가 세상에 보여주고 싶은 이야기는 뭘까. 목적 없는 성실이 만들어내는 무책임한 재앙에 일조하는 건 아닐까. 나태와 낭만은 배척되고 거세되어야 할 가치일까. 휴식에서 죄책감을 느끼는 건 잘못된 감정 아닐까. 수용과 묵인은 엄연히 다르지 않을까. 나는 수용한 걸까, 그저 묵인한 걸까. 왜 다른 사람에게 보여지는 면에 집착하는 걸까. 표면적인 '나쁨'과 진짜 '나쁨'은 뭘까. 좋은 사람은 어떤 사람이지? 좋은 사람이 되고 싶다. 그렇지만 그냥 좋은 사람은 막연하다. 누구에게, 어떤 의미의 좋은 사람이 되고 싶은 걸까. 그런데 나는 왜 이렇게 생각이 많은 걸까. 예민하게 곤두서있고, 자극에 민감하면서도 왜 수더분한 사람처럼 보이고 싶어 안달이 난 걸까. 어떻게 하면 지지리 궁상인 '나'와 이토록 지리멸렬한 생활을 사랑할 수 있을까.

지난 수많은 선택의 끝에 다다른 곳은 바로 지금, 이곳. 지금의 삶을 인정하지 않고 사랑하지 않으면, 지난 모든 순간을 부정하는 건 아닐까. 생각의 꼬리가 옅어질 때쯤, 하나의 문장에 다다랐다. 닳고 닳은 단어가 입 밖으로 튀어나왔다. 목에 걸린 사과 조각을 뱉어내듯. "행복해지고 싶어." 순수한 열망. 하루를 온전히 느끼고 싶어. 시간의 흐름과 계절을 천천히 즐기고 싶어. 그냥, 나로 있고 싶어. "살아있고 싶어."

오랫동안 자리를 비웠다고 생각했는데, 생각보다 별로 지나지 않았다. 일하기 위해 사용하는 열두 시간에 비하면 찰나와도 같은 아주 짧은 시간. 공원을 산책하고 돌아온 그날, 나는 어떤 결심 같은 것을 했다. 그 이후로도 겉으로 보기에 내 생활은 전혀 다를 것이 없었지만 이면지 뒤에 몰래 낙서하듯, 일하기 위해 주어진 시간의 뒷면을 은밀하게 사용하기 시작했다. 종종 새벽의 거리를 산책했고, 집중력이 흐트러지는 시간에는 괴로

위하기보단 책을 읽기로 했다. 큰마음 먹고 핸드폰 크기의 이북 리더기를 샀다. 버스를 기다릴 때, 회의 중간에 쉬는 시간이 생길 때, 일하다가 어딘가로 도망치고 싶은 순간에도 남들 눈에는 평범하게 핸드폰을 하는 것처럼 보이면서 자유롭게 책 속에 빠져들 수 있었다. 덕분에 독서량이 기존에 비해 폭발적으로 늘어났고, 밀물처럼 밀려 들어오던 잡생각과 걱정, 우울들로부터 멀어지는 듯했다.

머릿속이 복잡하거나 생각의 흐름이 끊기지 않고 나를 간지럽힐 때면 일하던 파일을 저장해둔 뒤, 블로그 창을 켜 아무 말이나 적었다. 철없는 푸념이든, 당장 떠오르는 말이든, 답답한 심정이든. 블로그에도 못 쓸 것 같은 글은 한글 문서에다가 두서없이 감정을 쏟아내듯 적었다. 일하러 독서실에 간 날에도 어김없이 글을 썼다. 누군가 그때의 내 모습을 봤다면, 무척이나 열중하고 있는 것처럼 보였을 거다.

드물게는 일과 일 사이에 짬을 내어 오랫동안 못 본 사람을 만났다. 두세 시간 정도 급속 충전하듯 친구들과 맥주를 마시기도 했다. 기꺼이 누군가를 축하했고, 누군가의 슬픔을 들어줬다. 평소 같았으면 일에 모두 쏟아버렸을 시간을 조각 케이크처럼 잘라 먹어도 아무런 문제도 일어나지 않았다. 앞으로도 일하면서 수없이 나를 억누르고, 어정쩡하게 서 있는 채로 괴롭겠지만. 내가 할 수 있는 건, 삶을 사랑할 결심뿐이다.

그러기 위해서 사랑이니, 꿈이니, 나태와 낭만을 쉼 없이 조잘대는 내면의 알갱이들을 귀엽게 여기기로 했다. 그리고 무엇보다 내가 만들어냈다고 여겼던 석상 같은 외면 또한 내가 가진 모습 중 하나라는 걸 인정했다. 한편으로는 내가 지향하는 모습을 완벽하고 견고하게 보여줄 수 있다는 게 다행스럽기도 하다. 보여주고 싶은 나의 지향점은, 책임감과 성실함. 남에게 상처 주지 않으려는 노력. 아끼는 이들에게 가장 연하고 선하게 닿을 수 있기를 추구하는 마음. 그럴 수 없을 것 같은 순간에도 선뜻 건네는 다정이다. 정신력이 무너질 때, 감정적으로 압박받을 때, 바빠서 여유가 없을 때조차 나의 석상은 비틀리거나 무너지지 않고 온화하게 미소를 짓는다.

가끔은 이런 강박적인 모습이 기이하게 느껴지기도 하지만, 가해와 모욕이 난무하는 이 험한 세상 속에서 이런 강박은 오히려 희소하고 귀한 가치이자 능력이 아닐까. 게다가 미소의 석상은 내면에 존재하는 무수한 '나'를 보호한다. 작고 여린 알갱이들. 그 알갱이들이 마음껏 터지고 쪼개지고 쏟아지고 부서질 수 있도록. 다른 누구의 눈치도 보지 않고, 눈물겹게 아름다운 불꽃놀이를 벌일 수 있도록.

그래도 가끔은 나의 이면을 뒤집어 보여주고 싶은 충동에 휩싸인다. 이유는 알 수 없지만, 나를 있는 그대로 바라봐줄 것 같은 사람들을 발견할 때 그렇다. 그들 역시 말간 얼굴 안에 그들만의 불꽃놀이가 있다. 석상 같은 얼굴로 찬란한 글을 적어내는 사람들을 마주할 때 역시, 속을 다 내보이고 싶다.

막연한 그리움이 사무치는 날에는 네 뼘짜리 좁은 책상에 앉아 책을 사랑하는 사람들의 이야기를 검색한다. 그리고 글을 쓰는 사람들의 안부를 살핀다. 그러다가 마음과 손이 바싹바싹 말라서 다시금 이면지를 펼친다. 업무 내용이 잔뜩 인쇄된 종이 뒷면. 뒤집힌 글자들이 어른어른 비치지만, 더 진한 볼펜으로 속엣말을 써 내려가 본다. 나만의 고유한 필체가 한 면을 가득 채우도록. 작은 소음도 들리지 않는 이 고요한 공간에서 나는 불씨를 기다리는 마른 장작처럼 앉아 있다. 내 안에 작은 알갱이가 언젠가는 이 두껍고도 견고한 석상의 벽을 뚫고 나와 불씨가 되어주길 바라면서.

얼굴들

진수빈

진수빈

아마도 당신의 이야기일지 모를 보편적인 감정을 담담하고 솔직하게 씁니다. 『계절을 기다리는 마음』, 『여전히 못난 마음이지만』을 쓰고 만들었습니다.

"나는 정말 그런 사람일까. 그런 말을 하고 그런 글을 쓰는
마음이 진짜인지, 글을 쓰다 보니 그렇게 된 것인지.
정말 다정하고 따뜻한 사람인지, 그저 그런 문장만 쓰는 사람인지,
그런 문장을 씀으로써 그런 사람이 되고 싶은 것인지."

'얼굴'이라는 단어를 부쩍 자주 쓴다. 처음부터 얼굴에 관해 쓰기도 하고, 그러려 하지 않았지만 어느 순간 얼굴이란 단어가 떠올라 자연스레 이야기가 얼굴로 향하기도 한다. 쓰기도 하고 쓰게 되기도 하는 것이다. 자의지만 타의처럼. 쓰고 싶어 쓰면서도 써야만 하는 글. 언젠가 이 이야기를 꼭 해야 한다며 누군가가 나를 그곳으로 밀어 넣는다고 느낄 때도 있다. 그게 나에게 주어진 의무이자 숙제인 것만 같다.

얼굴들은 매번 다른 모습이지만, 며칠째 같은 모습일 때도 있다. 유독 하나의 얼굴이 오래 머무를 때는 꿈에서까지 그 얼굴을 만나기도 한다. 그러한 얼굴은 대체로 더는 볼 수 없는 사람들이다. 자연스럽게 멀어졌든, 죽음이나 이별로 다시는 볼 수 없든, 더 이상 내 세계에 살지 않는. 이 세상 어딘가 멀쩡히 살아 숨 쉬지만, 작은 내 세상에서만큼은 살아 있지 않은 사람. 물감이 채 마르기 전에 손으로 문지른 듯 엉망이 된 얼굴. 우리의 마지막도 그러했던가. 관계의 갈림길을 일일이 기억하지 못한다. 번지고 지워진 것들이 있다.

얼굴들에 관해 쓸 때면 언제나 울적한 기분이 된다. 한편으로는 애틋하기도, 쓸쓸하기도 하다. 실제가 아닌 내 머리와 마음속이라 할지라도, 한 사람을 지우고 죽이는 과정은 결코 유쾌할 수 없다. 언젠가의 그 기억을 되돌려 보는 과정도 마찬가지다.

그러나 이런 이야기를 얼굴들이 알게 된다면, 네가 왜, 어째서? 라는 말을 할지도 모른다. 사실 얼굴들을 지운 것은 대체로 내 쪽이다. 그들이 눈치채지 못하게, 조용하고 조심스럽게. 점점 다른 사람처럼 변해 데면데면하게 굴며 천천히 한 발짝씩 뒤로. 그러다 나만 아는 때에 쌩하고 돌아서 버린다. 겨울바람처럼 차고 날카롭게. 얼굴과 나 사이에 이어진 것을 끊어 버린다. 땅덩어리가 갈라지듯 더는 나의 세상으로 건너올 수 없도록. 얼굴들은 교통사고처럼 불시에 그것을 당한다. 왜 그랬냐고 물을 새도 없이, 언제 그랬는지도 모르게.

나에게도 그럴 수밖에 없던 이유가 있다. 거슬리는 말, 심기를 불편하게 하는 행동, 아무렇지 않게 뱉은 농담의 불쾌함, 찰나의 서운함, 괜찮은 척 웃었지만 괜찮을 수 없던 어느 때의 속마음.

그런 순간을 속으로 돌탑 쌓듯 차곡차곡 쌓아 올린

다. 돌탑을 이루는 돌들은 서로 이가 맞지 않아 아슬아슬하다. 낮게 쌓아 올릴 땐 몰랐으나, 그 높이가 높아질수록 불안이 가중된다. 어느 순간 맞닥뜨리는 흔들림에 돌 하나 얹으려던 손끝을 멈칫하기도 한다. 그러다 움직임이 잦아들면 조심스레 돌을 또 쌓아두는 식이다. 그러나 불안한 마음은 사라지는 것이 아니라 잠시 잦아들었을 뿐이다. 맨 아래부터 크고 단단한 돌을 차곡차곡 쌓은 것이 아니어서, 그날의 얼굴이 나에게 했던 한마디의 말, 사소한 행동이 커다란 돌 하나 떨어뜨린 것처럼 내 마음을 뒤흔들어 결국 무너지고 만다.

다만 그것을 얼굴들에게 따지듯 토로하고, 화해나 사과를 바라며 고백하지 않는다. 이미 일어난 일은, 시작된 붕괴는 그렇게 아름답고 평화롭게 끝날 수 없다. 다툰 사람들이 서로의 잘못을 인정하고 이전처럼 아무렇지 않게 지내는. 나는 그런 장면을 보고 자라지 않았다. 그러니까 나에게 싸움이란 다시 보지 않는 것. 관계의 단절을 의미했다. 싸워도 끝, 싸우지 않아도 끝이라면 싸우지 않는 쪽을 택할 수밖에. 어떻게 해도 아름답지 못할 것이라면, 차라리 내가 덜 불편한 쪽으로. 이미 내 속에는 내가 감당할 몫의 흔들림이 시도 때도 없이 일어나고 있으므로, 구태여 그것을 바깥으로 꺼내어 또

한 번 우리의 세상을 뒤흔들 필요는 없지 않나. 그렇게 나의 생활을 지켜내고자 하는 것. 그게 잘못은 아니지 않나.

그래 놓고 얼굴들을 떠올리고 쓴다. 내가 내 세상에서 없애 버린 사람들의, 그 무섭고 잔인한 현장을 다시 들여다본다. 내가 지운 시간의 흔적을, 공책에 남은 연필 자국처럼 실체 없이 선명한 기억을 다시 읽는다.

네가 왜, 어째서? 얼굴들이 할 법할 질문을 스스로 던지기도 한다. 나는 왜 이제와 얼굴들에 대해 자꾸 생각하는 것일까. 버린 것이 아까워서인가, 미안해서인가.

그렇다고 해서 얼굴들에게 돌아가고 싶은 것은 아니다. 기억하는 것과 생각나는 것, 그리운 것은 엄연히 별개의 일이다. 그리운 것과 돌아가고 싶은 것도 별개의 일이다. 아무리 애써도 한 번 떨어졌던 관계에는 한계가 찾아오기 마련이다. 그래서 그리운 마음은 가지지 않는다. 돌아가고 싶다는 생각은 더더욱 하지 않는다.

수빈은 다정한 문장을 써, 라는 말을 들은 적 있다. 다정하고 따뜻한 문장. 그 이야기를 써줘서 고마워. 덕분에. 나의 고백이 위로가 되었다고. 글을 쓰며 만난 사람들은 나에게 그렇게 말한다. 나는 정말 그런 사람일까. 그런 말을 하고 그런 글을 쓰는 마음이 진짜인지, 글을 쓰다 보니 그렇게 된 것인지. 정말 다정하고 따뜻한 사람인지, 그저 그런 문장만 쓰는 사람인지, 그런 문장을 씀으로써 그런 사람이 되고 싶은 것인지.

글로 만난 사람들이 소중해질수록, 그들이 나를 다정하고 따뜻한 사람으로 기억할수록 얼굴들에 대해 더욱 자주, 그리고 깊이 생각한다. 서로에게 소중했으나, 그 소중함보다 나를 지키기에 급급했던 때를. 더 성숙하게 갈무리하지 못했던 인연을. 갈림길에 서서 조금 더 가볍게 안녕, 인사했더라면 어땠을까. 그곳에서 내가 조금 더 천천히 돌아섰더라면. 몇 번 뒤를 돌아보기라도 했더라면. 이제는 잘 돌아서는 방법을 알게 된 것도 같은데. 기억에서조차 희미해진 그 갈림길을 계속해서 떠올린다.

언젠가 서울로 올라오던 길. 한 얼굴의 연락을 받았다. 때마침 얼굴과 같이 듣던 음악을 들으며 나도 그를 떠올리고 있었다. 같이 갔던 장소를 SNS에 올려 두고 나도 모르게 10년도 더 지난 일을 생각하던 참이었다. 한때 서로의 삶과 생활을 깊게 공유했지만, 지금은 끊어

버린 시간 속 어딘가 일방적으로 버려둔 얼굴. 부산에 다녀오면서도 연락하지 않는 것이 더 이상 어색하지 않은 사이. 그러나 무뎌졌다고 생각한 기억이 그의 연락이라는 찰나의 신호와 함께 한꺼번에 달려들었다. 과거의 설익은 감정이. 관계의 역사 그리고 함께 공유하던 고민이. 기꺼이 나누던 기쁨은 물론 미숙했던 끝과 내가 얼굴에게서 멀어지기로 마음먹던 날의 공기나 그가 남긴 말들이. 그럼에도 우리는 그렇게 긴 시간에 관한 이야기를 나누지 않았다. 소용없는 말보다는 서로의 건강과 행복을 기원하는 짧은 메시지를 끝으로, 다시 각자의 길로 멀어졌다.

며칠 전 부산에서 그 음악을 다시 들었다. 내가 끊어낸 스무 살, 그 시절에 만난 사람들. 스무 살이 지나며 만나지 않게 되었거나, 그럼에도 곁에 있는 이들과 더는 볼 수 없는 사람들. 한 발짝 멀어 섰고, 멀어졌던. 그 음악을 함께 들었던 기억. 그리고 함께 듣지 않았더라도, 그들과 한 시절을 지나오며 내가 들었던 시간이 한 데 뒤섞였다.

복잡하게 뒤엉킨 그것들을 불러내기란 어렵지 않다. 노래 한 곡, 커피 한 잔, 어떠한 음식의 첫입, 바닷가의 모양 같은 것들이 신호탄이 된다. 출발선에서 대기하고 있던 것들이, 탕—소리와 함께 한꺼번에 달려든다. 얼굴들, 기억들, 시간들 그리고 함께 나눴던 그 시절의 기쁨, 슬픔, 행복, 불행도 모조리 한꺼번에. 단편적인 하나의 시간 선으로 딱 잘라 낼 수 없는 그 시절의 많은 것들이.

그것들이 없었다면 분명히 지금의 나도 없을 것이다. 지금의 나를 이루는 기반에는 그 시간이 차곡차곡 쌓여 있다. 그때의 어리숙함과 생생하던 마음, 기쁘고 즐겁게 받아들이던 온갖 것들의 첫 느낌과 아프게 깨달아야 했던 진실이. 그리고 그 시간은 모두 얼굴들로 남아있다. 같이 웃고 울던 얼굴들. 괴롭고 즐겁던 얼굴들. 나를 이루고 나를 붙잡은 얼굴들. 자연스럽게 얼굴에 관해 쓰게 되는 것은 아무래도 그 때문이지 않을까. 얼굴들 없이는 설명할 수 없는 현재가 있어서. 나의 생활, 고민과 결정, 행운에 알게 모르게 그들이 덕지덕지 묻어 있어서.

아직 쓰지 못한 얼굴들을 계속해서 떠올린다. 전보다 더 자주, 더 깊이. 하나의 개별적인 존재보다 얼굴이라는 이름 아래 두루뭉술하게 쓸 수밖에 없는 사람들. 그러나 뭉뚱그릴 수는 없는 우리의, 각자의 이야기를.

언젠가 하나의 덩어리가 아니라, 날카롭고 생생하게 쓰고 기억하게 될 것만 같은 하나하나의 얼굴들을.

인프제의 사랑

김예진

김예진

매일 쫓기듯 살다가 문득 '왜 이렇게까지?' 자문한다. 이유 없이 당해버리고 마는 순간에 의연해지고 싶다. 그런 때에 보통 쓴다. 『아주 솔직한 이력서』, 『손과 마음들』 등의 책을 펴냈다.

"하나의 고정된 의미로 누군가를 표현하길 꺼린다. 한마디로
정의하기엔 모든 존재가 너무 복잡하다고 느껴서다. 아마도
나 자신을 그렇게 바라보기 때문일 것이다. 나도 나를 모르는데,
어떻게 다른 사람을 이렇다 저렇다 할 수 있을까?"

집으로 곧장 들어가는 대신 공원 쪽으로 괜히 방향을 튼다. 근처에 작은 공원이 있고 거기엔 가끔 귀여운 일이 일어난다.

오늘이 그날일지 약간 기대하면서 그곳에 도착한다. 어떤 날은 성공하기도, 어떤 날은 실패하기도 한다.

시작은 우연이었다. 외식하고 부른 배를 조금이나마 꺼뜨리려고 돌아다니다 그 공원 벤치에 잠시 앉았을 뿐이었다. 머지않아, 그곳에 모여들었다. 제각각의 귀여움과 총명함을 지닌 강아지들이.

나는 그들에게 인사하고자 웅크려 앉았다. 사람을 좋아하는 강아지는 일말의 경계도 없이 와락 다가왔고, 어떤 강아지는 주인의 보호 아래 조심스럽게 인사를 나눴다. 이러한 일상이 익숙한 듯, 강아지끼리도 킁킁대거나 꼬리를 열심히 흔들며 서로를 반겼다. 나는 강아지와 인사할 때마다 주인에게 그들의 이름을 물었다. 보통 강아지는 자신의 이름을 알기 때문이다. 한 아이의 주인은 내 손에 간식까지 쥐여주며 강아지와 소통할 수 있게 해줬다. 그들은 점점 더 모여들더니 공원이 강아지들로 가득 찼다. 하나, 둘, 셋, 넷…… 족히 열 명은 넘게 온 것 같았다. 상황이 왠지 비현실적으로 느껴질 무렵, 이건 마치 치유의 시간 같다고 느껴졌다. 강아지는 정말 무해하고 귀여워. 부드러운 털을 가진 그들 사이에서 마음 한구석이 포근해졌다.

    오늘은 어떨까. 손에는 혹시 몰라 며칠 전에 사둔 간식을 들고나왔다. 도착한 공원은 오늘따라 유난히 휑하다. 몇 분쯤 괜히 그네를 타 보고, 운동 기구에도 올라본다. 애초에 그러기로 한 거였다면 어색할 것 없는 행동이지만, 뭔가를 기다리는 모양새라 머쓱하고, 조금 처량하다. '너무 일찍 왔나.' 얼마간 있다가 싱겁게 포기하고 공원 밖으로 나섰다.

    그때, 강아지 '무이'가 나타났다. 반가운 눈으로 바라보자, 주인은 나를 기억했는지 인사하러 다가와 주었다. 나는 쭈뼛쭈뼛, "혹시 간식 줘도 될까요?" 물었고, 주인은 흔쾌히 괜찮다고 했다. 무이는 커다란 골든 리트리버인데, 모두에게 친절하고 매너 있기로 유명하다. '안녕, 반가웠어.' 멀리 사라지는 무이의 뒷모습까지 보고서야 집으로 돌아왔다.

친구들은 내가 강아지나 고양이를 좋아하는 걸 처음 봤을 때, '에이, 뭐 저렇게까지?'라고 생각했다고 한다. 평소에 타인에게 쉽게 곁을 내주지 않는 내가 모든 경계를 풀고, 그들에게만은 과할 정도로 애정을 보이는 게 의아했다고. 그 말을 듣고 생각했다. 정말 나는 사람보다 동물을 좋아하는 걸까?

인프제(INFJ)에 대한 여러 속설 중 내가 가장 '이건 좀 오해다' 싶었던 건 사람 싫어, 동물 좋아 따위의 말이다. 인프제는 사람과의 관계에 쉽게 피로감을 느끼거나 때로는 사람 자체를 싫어하는 반면, 그럴 가능성이 적은 동물(비인간 동물을 일컫는다)은 좋아한다는 식이다. 어불성설이 아닐 수 없다. 인간의 대체로서 동물을 좋아하는 것이 아닐뿐더러 언제부터 '좋아하는' 감정이 그리도 복잡한 인과를 가졌던가? 내가 동물을 좋아하는 이유는 나도 모른다. 굳이 따지자면 아마도 태어날 때부터 그들을 유난히 귀엽게 여기는 유전자를 물려받은 게 아닐까(실제로 내 친오빠는 강아지라면 나보다도 사족을 못 쓴다).

그렇다면 사람에 대해서는? 당연히 어떤 사람인지

에 따라 다르다. 사실 나는 사람에게 크게 관심이 없다. 때문에 인간관계로 스트레스 받은 적도 거의 없다시피 하다. 내가 사람에게 스트레스를 받았다면 그건 아마 일과 관련되었을 것이다.

그런 생각을 처음 한 건, 한 친구가 다른 친구와 지내는 모습을 보고 난 후였다. 말 한마디에 서운해서 토라졌다가 화해하는 일, 연락이 줄었다고 혼자 고민하다가, 그래도 먼저 연락하는 일. 그런 걸 지켜보며 '나는 왜 저런 속앓이를 해본 적이 없지?' 싶었다. 나이가 들어서, 라는 이유를 댈 수도 없는 것이 어릴 적부터 '베프'나 '등교 친구'와 같은 개념에 크게 마음을 쓰지 않았다. 친구들과 두루두루 친하게 지내며 내 할 일을 잘하면 그걸로 충분하다고 여겼다. 누가 어떻게 행동하든지 그냥 그러려니 하면서 지나간 적이 많았다.

결국 그 어떤 대상도 섣불리 규정하거나 판단할 수 없다고 생각한다. 우리는 매 순간 변화하는 세상 속에 살고 있고, 어떤 상황을 마주할지, 앞으로 어떤 사람이 될지 알 수 없으니까. 하나의 고정된 의미로 누군가를 표현하길 꺼린다. 한마디로 정의하기엔 모든 존재가 너무 복잡하다고 느껴서다. 아마도 나 자신을 그렇게 바라보기 때문일 것이다. 나도 나를 모르는데, 어떻게 다른 사람을 이렇다 저렇다 할 수 있을까?

한 사람의 내면이 복잡다단한 만큼, 관계의 양상은 배로 변화무쌍하다. 그래서 누구를 만나든 그를 오랜 시간에 걸쳐 겪어보려고 한다. 친밀함은 서로에게 익숙한 소통 방식을 찾는 과정에서 생긴다고 믿는다. 웃기면 박장대소하는 사람이 있는 반면, 소리 없이 슬쩍 미소만 짓는 사람이 있고, 사람마다 불쾌하거나 화나는 일도 다르다. 가까이 있는 사람일지라도 영영 서로의 모르는 부분이 존재할 수 있다. 만약 가까워지고 싶은 사람이 있다면 상황은 더 어려워진다. 가령, 나의 플러팅이라 해봐야 옷을 단정하게 입고 잘 웃는 것 정도다. 누군가는 "그게 무슨 플러팅이야!" 할지도 모르겠다.

혹시 내가 속을 숨기는 것처럼 보인다면, 단지 나도 나를, 그리고 당신을 아직 잘 모르는 것임을 말하고 싶다. 혹은, 여러 가능성을 다 열어 두느라 복잡한 상태에 가깝다. 그러니 내가 당신을 싫어하거나 속이고 있다고 생각지는 말아주길.

동네 강아지들의 이름을 꽤 많이 외웠다. 보리, 밥풀, 고리, 라떼, 나나, 또 다른 보리……. 주인들의 이름은 전혀 모르는데, 강아지 이름만 외우고 있다는 것이 좀 우습기도 하다. 주인들도 내 얼굴을 대충 알 것이다. 공원에서 강아지를 기다리는 사람. 어쩐지 수상해 보일지도 모르지만… 그래도 괜찮다. 강아지와의 만남에서는 서로의 얼굴만 알아도 큰 문제가 되지 않으니까. 서로를 인식하고, 이름을 부르며 반기고 인사하는 그 자체로 완전한 관계라니, 놀랍다.

인간은 다면적이라고 생각해 뭐든 조심스럽지만, 강아지 앞에서 그런 복잡한 해석은 잊게 된다. 좋아하면 꼬리를 흔들고, 싫으면 뒤로 물러선다. 감정을 숨기거나 계산하지 않는다. 그래서일까, 나는 강아지를 볼 때마다 인간이 얼마나 많은 층위로 자신을 감추며 살아가는지를 떠올린다. 솔직해지고 싶다는 마음과, 오해받고 싶지 않다는 마음 사이에서 늘 맴도는 나처럼. 강아지는 그 경계가 없다. 그래서 반가움을 표현하는 그들의 몸짓을 보며, 나도 누군가에게 그런 투명한 존재가 될 수 있을까 생각한다. 조금은 덜 복잡하고, 조금은 더 드러난 채로.

병으로 유독 힘이 없던 보리가 요즘 들어 보이지 않았다. 어느 날 다른 주인에게 그의 안부를 물었는데, 안타깝게도 몇 개월 전에 무지개다리를 건넜다는 이야기를 들었다. 왠지 오랜 친구를 잃은 듯했다. 몸이 안 좋아도 느릿느릿 꼭 내게 먼저 다가와 주던 친구였는데.

인간이든 동물이든, 언젠가 사라진다고 생각하면 너무 복잡해지지 않는 게 나을지도 모르겠다.

누구든 실재하는 동안 서로를 잘 돌보면 그게 최선이지 않을까. 결국 사랑이 가장 의미 있겠다는 싱거운 결론을 내리며. 모두가 집으로 돌아간 작은 공원을 공연히 걸어 다녔다.

3부
사람은 기쁘고 아프다

사람이 무서운데, 사람을 좋아해요

박수진

박수진

조각들을 모아 서랍에 쌓아두고 넘칠 때쯤 꺼내어 종이에 엮습니다. 1인 출판사 '시옷과 리을 사이'를 꾸려가고 있으며, 산문집 『나 너 그리고 우리』, 『지금 여기 그리고 오늘』, 『대체로 동그라미』, 『착실한 얼굴과 말간 눈』을 썼다.

"사람은 기쁘고 아프다. 그리고 달고 쓰다. 혀끝에
삼키기 버거운 약을 올려두고 서둘러 넘길 물을 찾는 꼴이다.
쓰디쓴 약이 혓바닥 위에서 녹아내려 퍼지기 시작한다."

벽 한 면이 통창인 복층 집에서 여름을 버티기란 여간 쉬운 일이 아니었다. 봄부터 의도치 않게 불건강한 내향인으로 지내던 탓인지 부쩍 외출이 줄었다. 인생은 가끔 사람에게 야박하다. 눈앞에 크고 작은 사건들을 한꺼번에 떨궈놓고는 어디 한 번 감당할 수 있겠냐며 으스대곤 한다. 예상하지 못한 일들과 연이어 씨름하는 바람에 나를 돌볼 틈이 부족했다. 해가 지고 땅이 식고 나서야 이어폰으로 귀를 틀어막고 운동화를 신었다. 집 근처의 커다란 공원을 뛰는 동안 사람들의 뒷모습이 앞서 지나갔다. 페이스를 조절하며 그들과 적당히 거리를 유지했다. 사람이 필요한 시점이라고 느끼면서도 사람들 속에 있다가 집으로 돌아오면 괜한 생각들이 방 안까지 따라 들어오는 게 버거웠다.

무더위가 이어졌다. 수시로 에어컨 실내 온도를 흘겨보았다. 이게 다 여름이라 그래. 이놈의 여름. 할 수 없이 계절을 탓하며 한산한 책방에서 손님을 기다리던 중, 익숙한 얼굴이 문을 열고 들어왔다. 누구든 예고 없이 만나게 되면 살짝 긴장하는 나로서는 한달음에 커튼을 걷고 밖으로 나섰다가 두 손을 배꼽에 모았다. 손수건으로 연신 이마에 흐르는 땀을 닦는 그와 약간의 간격을 두고 이런저런 안부를 주거니 받거니 했다. 등골을 타고 땀이 주르륵 흘러내렸다.

"수진 작가님, 혹시 그… 엠비티아이가 인프제…"
"오. 네네. 맞습니다."

택민은 자신이 운영하는 출판사에서 기획하고 있는 작업에 대해 조심스레 귀띔했다. MBTI에 관한 앤솔러지라고 했다. 그러고 보니 섭외를 제안하는 그의 MBTI 또한 INFJ인 것을 건너 건너 들은 적이 있었다.

우아. 오. 재미있는 기획인 것 같아요. 맞다. 민경 언니도 인프제에요. 네네. 다마스 예진이도 인프제고. 대한민국에 인프제가 잘 없다고 들었는데, 독립출판하시는 분들 사이에서는 꽤 있는 것 같아요. 그렇죠?

어색함을 숨기기 위해 이런 저런 말을 늘어놓는 나와 달리 안경 너머 택민의 눈빛은 사뭇 진지해 보였다.

퇴근길 1호선, 용산역에서 노량진역으로 향하는 한강 다리 위에서 물끄러미 창밖을 바라보았다. 주머니 속

스마트폰 모서리를 만지작거리다 얼굴 앞으로 꺼내 들었다. 화면을 켜고 구글 검색창을 열었다. M. B. T. I. 검사. 흔들리는 지하철 안에 서서 가로로 길쭉한 창에 차근차근 여섯 글자를 입력했다.

너무 오랜만의 일이었다. 몇 해 전, 나는 생애 마지막 애인이라 여겼던 이와 헤어지고 별안간 MBTI가 바뀌었다. 당장에 5년, 10년 후 누군가와 함께하는 미래를 그렸다가, 반쪽이 사라지고 나니 순식간에 모든 것이 물거품이 되어버렸다. 연애할 때 주변에 막 떠드는 스타일이 아닌지라, 오랜 연애에 마침표를 찍은 내게 부쩍 괜찮냐고 묻는 사람들이 많아졌다. 그때마다 쓴웃음을 지으며 팔다리가 다 뜯겨나간 것 같다고 대답했다.

어디로 가야 할지, 어떻게 살아가야 할지, 무엇보다 내가 혼자일 땐 어떤 사람이었는지 도무지 기억나지 않았다. 속수무책으로 붕괴된 나는 몹시 위태로웠다. 어찌 됐든 인간은 혼자야. 죽이 되든 밥이 되든 혼자 왔다 혼자 가는 인생이야. 어떻게든 삶을 재정비하기 위해 이를 악문 기점으로, 나는 빼도 박도 못하는 인프제가 되어버렸다. 살다가 문득, '어? 나 뭔가 MBTI 바뀐 것 같은데?' 길고 지루한 문항을 견디고 견뎌 실눈으로 결과를 맞이하면, 역시나 인프제. 그렇게 주기적으로 검사를 했을 때도, 덜컹거리는 지하철 안에서 '동의함'과 '동의하지 않음' 사이의 정도를 파악하며 설문지를 끝마쳤을 때도 변함없이 결과는 인프제였다.

이제 와 이렇게 말하자면 우습지만(풉), 때마다 나는 한 사람에게 필요 이상으로 의지하고 곁을 허락했다. 살면서 경험한 일련의 사건으로 인해 많은 이들을 점점 타인의 범주에 포함시켜 버렸다. 가족은 가족대로 씻을 수 없는 상흔을 남겼다(내가 기억할 수 있는 한, 사람에 대한 첫 공포는 가족으로부터 물려받은 것이 틀림없다). 이해하지 못하면서 이해한다 떠들며 자랐다. 아마도 평생 풀어가야 할 숙제이자 과업일 테다. 삶의 저변에 우울과 불안이 깔리기 시작했을 무렵에는 친구가 삶에 너무나 큰 존재였다. 모두가 날 떠나간다 하더라도 친구만큼은 잃고 싶지 않았다. 나는 너와 잘 지내고 싶어. 나도 모르는 사이에 내 말과 행동이 널 속상하게 했다면 내가 다 고칠게. 자칫 관계가 어긋나면 모든 것을 제 탓이라 여기며 한없이 작아졌다.

그때는 너도, 나도 참 어렸지. 별별 이유가 관계를 비집고 틈을 만들었다. 어느 한쪽의 노력만으로 유지될 수 없다는 사실을 깨달은 것은 성인이 되고 난 후였다.

와중에 그때그때 만나는 애인에게만큼은 온전히 내 영역을 다 내어줄 수 있다고 생각했다. 여느 드라마 대사처럼 애인이자 가장 친한 친구, 때론 먼저 가야 할 길을 걸어가고 있는 인생 선배, 때론 가져본 적도 없는 자식을 키우는 마음으로 한 사람을 사랑했다. 심지어는 사랑해서 어쩌면 죽을 수도 있겠구나 싶었다. 그렇게 사랑을 동력 삼아 살아가야만 내 존재도 가치 있다 여기던 시절이었다.

이러쿵저러쿵 한 사람을 단정 지을 수 있겠냐만은, 엠비티아이적인 사고방식으로 판단하자면 다음과 같다. 나는 오롯이 나와 마주하고 나서야 비로소 '나'라는 존재로 발현되었다. 지금도 나에 대해 끊임없이 알아가고 있다. 오늘의 보통날을 보내고 있는 내가 '인프제 인간'이어서 꽤 다행이다. 어쩌면 살기 위해 본능적으로 선택한 방식일 수도 있다. 아주 오랫동안 P와 J가 서로 줄다리기를 하듯, 49대 51 혹은 51대 49인 상태로 살아오다가 그 주체가 홀로 남으며 더욱 강해진 것 같다.

나는 스스로를 통제하기 위한 계획형에 가깝지만 놀 때에는 비교적 자유롭기를 원한다. 다만 '노는 것'과 '쉬는 것'은 성격이 다르다. 놀 때는 아무런 제약이 없기를 바라면서도 쉴 때는 업무 외에 꼭 해야 하는 일들을 계획적으로 처리해야 제대로 쉰다고 느낀다. 쉰다고 정말 아무것도 하지 않고 쉬기만 하면 마음이 불안하다. 그래야 어느 정도 나와 내 일상을 지킬 수 있다. 사랑도 잃고 사람도 잃고. 그저 엎드려 아무것도 할 수 없던 시절에 비하면, 다시금 삶과 부대끼며 이인삼각으로 영차영차 이만큼이나 잘도 넘어왔다.

나는 나와 대화를 자주 하는 편이다. 나를 마주할 때면 의자에 엉덩이를 바짝 당겨 가까이 앉는다. 그렇지 않으면 자꾸만 사레가 들린다. 반드시 써야만 하는 순간이 있지만, 쓰고 나면 오히려 거대한 덩어리가 되어 나를 짓누르는 문장도 있다. 쓰지 못한 문장들은 몸 어딘가를 돌아다니다 꽁꽁 엉켜버리고 만다. 팔꿈치 바깥, 무릎 뒤, 어깨 위, 손톱 끝…… 여기저기 고여있다. 형체가 불분명한 하나의 구체가 되어 덜컹덜컹 소리를 내기도 한다. 끝과 끝은 어딘지, 어떻게 해야 풀 수 있을지 알 수 없는 나날이 계속된다. 차마 쓰지 못하는 날에는 목소리로 녹음한다. 남은 삶을 살아가는 동안, 얼마만큼 이타적이어야 하며 또 이기적이어야 하는가. 목소리는 또 다른 길을 열어줄 것이다.

사람은 기쁘고 아프다. 그리고 달고 쓰다. 혀끝에

삼키기 버거운 약을 올려두고 서둘러 넘길 물을 찾는 꼴이다. 쓰디쓴 약이 혓바닥 위에서 녹아내려 퍼지기 시작한다. 마실 물도 없는데 이대로 삼키면 쓴맛은 아마 목넘김 뒤에 더욱 독한 맛을 낼 것이다. 그래도 나는 꿀꺽, 삼킨다. 그리고 나선 써서 죽겠다며 나동그라진다. 그것이 내가 사람을 소화하는 방식이었다.

여전히 사람을 많이 사랑하지만 내가 죽지 않을 만큼 사랑한다. 되도록 물을 준비하고, 물이 없다면 없이도 잘게 쪼개어 삼키는 방법을 터득해 간다. 여기저기 사랑의 기둥을 분산시킨다. 튼튼하게 천장을 지탱하고 그 밑에 웅크리고 누워있다. 지금 이 모습 그대로의 나를 사랑해 줄 한 사람을 기다리기도 하면서. 이따금 문을 두드리고 찾아와 이토록 복잡하고 모순적인 나를 토닥거리는 이의 가슴에 잠시 기대기도 하면서.

회복의 이름

오수민

오수민

수원 독립서점 <오평>을 운영하고 있습니다. 모든 색을 섞으면 가까워지는 검정색에 다정한 포용력을 느낍니다. 저라는 사람도 그런 색으로 기억되길 바랍니다.

"누군가를 상처 주기 위한 단절이 아니다. 이제는
무언가를 잃는 두려움보다 나 자신을 잃는 두려움이 더 클 뿐이다.
나는 앞으로도 오래도록, 나를 잃지 않기로 마음먹는다.
단절은, 나에게 또 다른 회복의 이름이다."

고등학생 때 한 학년을 마치면 반 아이들과 롤링 페이퍼를 썼다. 교실을 한 바퀴 돌고 돌아온 내 롤링 페이퍼에는 '착하다', '다정하다'와 같은 말들이 주로 쓰여 있었다. 그걸 보는 나는 기쁘지도 실망스럽지도 않았다. 속으로 내가 정말 '착하고 다정한 사람인가?' 생각했던 것 같다. 나는 어렸을 때부터 눈에 띄는 행동을 싫어했고, 사춘기가 있었나 싶을 정도로 조용히 보낸 사람이다. 어느 무리에서도 있는 듯 없는 듯 보호색을 잘 바꾸고 상대방에게 잘 맞춰 행동하는 그런 사람. 이런 성격으로 인해 주변 사람들은 나를 조용하고 사려 깊은 사람으로 기억한다. 상대의 말에 귀 기울이고, 쉽게 화내지 않는 다정한 사람으로.

절반은 맞는 말이고 절반은 틀린 말이다. 내 속에는 남들은 알지 못하는 모습이 숨어 있다. 모든 인간이 멸종하길 바라며 동시에 모두가 평화롭게 지냈으면 하는 양가감정이 늘 팽팽하게 줄다리기한다. 나는 그 양극단을 부정하지 않는다. 선과 악, 자비와 분노, 냉정과 충동이 공존한다. 남들이 모르는 나의 의외의 면은 바로 그

지점에 있다. 나는 언제나 평온해 보이지만, 내 안에서는 두 개의 불꽃이 치열하게 싸우는 중이다. 인간의 이중성은 복잡하고 때로는 잔인하다. 특히 관계에 있어 상대를 품으려는 마음이 결국 나를 상처 입히고, 끊어내는 냉정함이 오히려 나를 살릴 때가 있다.

몇 년 동안 친하게 지냈던 친구가 있었다. 입맛도, 취향도 잘 맞은 우리는 빠르게 친해졌고, 그만큼 자주 만났다. 우리 사이가 익숙해졌다고 느끼기 시작했을 무렵, 친구는 약속 시간보다 늦게 나오는 경우가 잦아졌다. 나는 미뤄지는 시간이 조금은 서운하기도 했지만, '친구'니까 이해해야 한다는 마음이 앞섰다. 하지만 반복되는 친구의 행동에 홀로 기다리는 시간과 괜찮다는 말은 점점 힘을 잃어갔다.

한 번은 올겨울 들어 최저 기온이라는, 매서운 한파에 외출을 자제하라는 뉴스를 보며 외출 준비를 했다. 내복을 챙겨 입고, 양말 두 개를 겹쳐 신고, 제일 두꺼운 후드티와 패딩, 장갑까지 완전 무장한 상태로 약속 장소로 갔다. 오늘처럼 추운 날에는 뜨끈한 추어탕에 소주 한잔을 해야 한다며 잡은 약속이었는데, 친구는 어김없이 만남 장소에 늦게 나타났다. 나는 애써 밝은 척 인사를 건네고 아무렇지 않은 척 추어탕을 먹었다. 국물은 여전히 맛있었고 양념 맛도 변한 게 없었는데, 어쩐지 오늘은 뼈 부스러기가 자꾸만 목에 걸리는 기분이었다.

우리는 추어탕에 소주 한 병을 비우고 나와 지난 밤 늦게까지 알아본 디저트 가게로 향했다. 맛집을 찾는 건 매번 나의 몫이었다. 나와 상대의 기호 모두를 고려한 맛집을 선별하고 추리는 일 또한 만남에 기쁨을 더하는 일이기 때문이다. 커피가 나온 지 십여 분 지났을까, 친구는 실은 어젯밤 잠을 제대로 자지 못했다며 집에 가서 잠깐 눈을 붙이고 올 테니 카페에서 기다려줄 수 있냐고 물었다. 나도 네가 좋아하는 생크림 케이크를 파는 카페를 찾느라 늦게 잠에 들었다고 말하는 것이 어쩐지 유치하게 느껴져 밖으로 내뱉지 않았다. 또 한 번 나를 고려하지 않는 행동에 황당한 마음마저 들었지만, 피곤하다는 친구를 붙잡을 수도 없었다.

친구는 잠깐만 자고 나오겠다며, 집에 가지 말고 기다려 달라며 신신당부를 했다. 그렇게 카페를 나서는 친구의 뒷모습을 보는 데 이상하리만큼 아무런 감정이 들지 않았다. 다만 나는 친구와 수다를 떨러 나온 길이었으므로 책을 챙겨 나오지 않은 것이 아쉬울 뿐이었다. 그래도 나름대로 시간을 잘 죽여가며 그를 기다려봤지만, 그날 친구는 카페로 돌아오지 않았다. 유독 시린 겨울날이었다.

그렇게 우리의 관계가 소리 없이 마모되는 것을 느끼며 여름이 되었다. 그날 이후로도 우리는 종종 만남을 이어왔고, 유월의 어느 날엔 아침 일찍 무대인사가 있는 영화를 함께 보러 가기로 했다. 둘 다 아침잠이 많은 편이라 우리는 먼저 일어나는 사람이 서로를 깨워 주기로 했다. 어렵게 티켓팅한 영화이기도 했고, 좋아하는 배우를 직접 만난다는 설렘에 나는 아침 일찍 눈이 떠졌다. 전화를 걸어 친구를 깨우기엔 이른 것 같아 문자를 먼저 남겼다. 예상외로 친구도 준비를 하고 있다며 영화관 앞에서 보자는 답장이 돌아왔다. 서둘러 준비를 마치고 집을 나섰고, 콜라 대신 맥주를 마시던 우리였기에 먼저 영화관에 도착한 나는 맥주콤보세트를 사서 친구를 기다렸다.

그런데 영화관 앞에서 보자던 문자를 끝으로 친구는 연락이 닿지 않았다. 상영 시간이 다가올수록 나는 점점 초조해지기 시작했다. 자리는 이미 공유해 두었으니 알아서 좌석을 찾아올 것이라고 생각하며 상영관으로 들어갔다. 광고가 나오는 사이 계속해서 전화를 했지만, 길게 가던 신호는 어느 순간 전원이 꺼져 있다는 안내문으로 바뀌었다.

빛이 새어 나가지 않게 몇 번이고 전화를 해봐도 같은 안내 음성만이 흘러나왔고, 나는 당연히 영화에 집중할 수 없었다. 차가웠던 맥주 캔에 물기가 맺히듯 등에서는 식은땀이 흘렀다. 무슨 일이 생긴 건지 도통 알 수 없어 답답한 마음이 든 것도 잠시, 연락이 두절된 친구에 대한 짜증은 걱정으로 바뀌었다. 무대인사가 열리는 영화관에서 빈자리는 내 옆자리뿐이었다.

영화가 끝나갈 무렵 휴대폰 진동이 울렸다. 영화를 보는 중인 것 같아 전화 대신 문자를 남긴다는 장문의 메시지였다. 내용인즉슨, 지난밤 다른 친구들과 늦게까지 술을 마셨고, 그래도 영화는 보러 가려고 준비했는데 잠깐 눈을 붙인다는 것이 까무룩 잠에 들어 이제야 일어났다는 것이었다.

그 문자를 보는 순간 무언가 툭, 하고 끊기는 소리가 들렸다. 친구를 향한 짜증, 걱정, 미움까지 모두 사라짐을 느꼈다. 친구니까 이해해야 한다고 다독였던 마음은 나의 손을 떠나 버렸다. 나는 무언가를 크게 잃어버린 사람처럼 영화관에 앉아 있을 뿐이었다. 사람과 사람

사이의 관계가 형성되고 또 허물어지는 순간은 영화의 클라이맥스처럼 특별한 장면은 아니구나. 여러 이름이 검은 화면 속에서 사라지는 엔딩 크레디트를 하염없이 바라보았다.

우리, 앞으로 보는 일 없었으면 좋겠어.
나는 무대인사를 보지 않고 상영관을 빠져나오며 친구에게 메시지를 남겼다.

문자를 받은 친구는 답장 대신 바로 전화를 걸어왔다. 다신 이런 실수 안 하겠다고, 정말 미안하다고, 정신 차리겠다고. 친구는 단지 내가 오늘의 일만으로 이런 결심을 했다고 생각하는 듯했다. 그렇지만 구태여 지난 시간 속에서 그가 마모시킨 나의 마음을 긁어모아 보여주고 싶지 않았다. 남아 있던 애정은 사라지고 텅 빈 자리에 묘한 해방감과 씁쓸함이 뒤섞였다.

그 후로 아주 가끔 그때를 생각한다. 내가 너무 매정했던 걸까. 친구를 이해하려 애쓰던 내가 끝내 관계를 끊어버린 순간은 가혹했던 걸까. 나의 선택은 둘 중 누구에게 더 잔인했던 걸까.

나는 그동안 친구의 사정을 먼저 헤아리고 불편해지는 내 마음은 뒤로 미뤄왔다. 그러나 끝끝내 외면하지 못한 건, 그 과정에서 상처받는 내 자신이었다. 나는 친구를 이해하기 위해 너무 오랫동안 나를 희생했고, 결국 스스로를 지치게 했다. 그러므로 나의 선택은 단절이 아니라 회복이었다. 때로는 냉정함이야말로 자신을 보호하는 가장 따뜻한 방식일지도 모른다. 이따금 그 친구를 떠올리면 미안함이 스친다. 그렇지만 동시에 그때의 나를 다독여주고 싶다. 내 선택은 옳았다고 말이다. 관계를 지키는 것도 용기지만 때로는 관계를 놓는 것도 용기라는 걸.

사람을 잃는 일은 아프다. 하지만 그 상실 속에서 조금씩 나를 되찾는다. 나는 주변 사람에게 다정하기 위해 노력하는 사람이지만, 다정함만으로는 나를 지킬 수 없다는 걸 배우고 있다. 필요할 땐 누구보다 냉정하고 이기적으로 자신을 지켜야 한다고 말이다. 누군가를 상처 주기 위한 단절이 아니다. 이제는 무언가를 잃는 두려움보다 나 자신을 잃는 두려움이 더 클 뿐이다. 나는 앞으로도 오래도록, 나를 잃지 않기로 마음먹는다. 단절은, 나에게 또 다른 회복의 이름이다.

두 달의 법칙

이새란

이새란

산책을 좋아합니다. 산과 책은 더욱 좋아하고요. 잘 끓인 콩나물국의 콩나물처럼 식감 좋고 소화 잘 되는 글을 쓰고 싶습니다. 『5분 돌아가는 출근길』, 『아홉 번째 남의 집』, 『중심이동』을 썼습니다.

"익숙함과 생경함이 뒤섞인 시간 속에서 또 한 번 나만의 속도를
찾아갈 수 있으리라 믿는다. 천천히 나를 성장시킨
두 달의 법칙 덕분에, 이제는 어떠한 시작도 두렵지만은 않다."

"새란 씨, 점심 챙겨 먹어요. 나는 약속이 있어서."

한동안 주변이 북적이더니 삼삼오오 밖으로 나가는 발소리가 들렸다. 동요하지 않는 척, 하던 일을 마저 마치고 고개를 들었을 땐, 넓은 사무실이 텅 비어 있었다. 지금이라면 혼자인 점심시간을 귀하게 여겨 책 한 권 챙겨 카페로 향하거나 산책할 겸 적당한 거리의 식당에 다녀오겠지만, 그땐 어찌할 바를 몰랐다. 꼬르륵거리는 소리를 애써 무시하며 키보드만 타닥거릴 뿐이었다. 그날은 나의 첫 직장 생활이 시작된 날이었다.

내가 입사한 곳은 EBS 다큐멘터리 제작팀 취재 작가 자리였다. 팀은 PD, 메인 작가, 조연출, 취재 작가 총 4명으로 구성되어 있었는데, 메인 작가님은 주에 한두 번 회의가 있을 때만 사무실에 오신다고 했다. 나는 출근을 하자마자 PD님 손에 이끌려 부장님께 인사를 드리러 갔다. 호탕한 웃음을 가진 부장님과 짧고 굵게 인사를 나누고 자그마한 회의실로 돌아와 PD님, 조연출과 셋이 조촐히 모여 앉았다.

PD님은 프로그램의 제작 방향과 앞으로의 일정을 공유해 주고는 조연출에게 업무 소개를 맡기고 먼저 자리에서 일어났다. 무뚝뚝한 조연출과 어색하게 인사를 나누고 업무에 관한 설명을 들었다. 제작 초반이라 다큐멘터리 주제와 관련된 논문, 책, 전문가 등 자료를 조사하는 일이 첫 번째라고 했다.

작은 노트북 화면으로 들어갈 듯 집중해 자료조사를 하다 보니 어느새 점심시간이 됐다. PD님은 약속이 있다며 일찌감치 자리를 비웠고, 조연출은 어느 틈에 사라지고 보이지 않았다. 같은 층에는 함께 방송작가 아카데미에 다녔던 동기들도 몇 있었지만 다들 팀끼리 식사를 하러 나간 듯했다. 오전 내내 긴장한 채 있었더니 혼자 낯선 동네를 헤맬 엄두가 나지 않았다. '편의점이라도 가야 하나. 사면 어디서 먹지?', '자리에서 먹다가 누가 들어오면 어쩌지?' 뭐 그런 바보 같은 생각을 이어가며 시간을 축내고 있었다.

그때 옆 팀 조연출 언니가 식사를 마치고 사무실에 들어오다 덩그러니 앉아 있는 나를 발견하고는 말을 걸어왔다.

"새란 작가라고 했죠? 아직 밥 안 먹은 것 같은데, 뭐라도 사서 같이 옥상 갈래요?"

스치듯 봐도 밥을 먹고 들어 온 표정은 아니었나 보다. 다정한 말 한마디에 의자에 얼어붙어 있던 몸이 사르르 녹아내렸다.

언니는 지하 1층 매점을 거쳐 옥상으로 나를 안내했다. 옥상 난간에 자연스레 팔을 괴고 밑을 내려다보며, 언니는 나에게 이것저것을 알려주었다. 방금 다녀온 매점 맞은편에 구내식당이 있고, 식당 입구에 있는 키오스크에서 식권을 살 수 있다고. PD님들이 약속이 있을 땐 편하게 먹으러 가면 되는데 때때로 조연출, 취재 작가끼리 식사를 하기도 하니 그럴 땐 나와 같이 먹자고. 나는 그런 언니의 말을 들으며 매점에서 사 온 김밥을 먹었다. 4월의 따스한 봄바람이 뺨을 스쳤다.

퇴근길, 버스에 앉아 멍하니 창밖을 내다보는데 괜한 속상함이 몰려왔다. 언니를 향한 고마움과는 별개로, 어엿한 사회인으로서의 첫날인데 소극적인 태도를 보인 나를 향한 질책이었다. 이후 한동안 마음이 불편했다. 건물을 오가는 수많은 사람 속에 섞이지 못하고 의기소침해 있는 내 모습이 싫었다. 사람들과 어울리기 위해 조금 더 애쓰고 노력해야 하는 건 아닌지 스스로 다그치기도 했다. 하지만 이런 마음을 챙기기에는 주어진 업무를 하기에도 버거운 시간이었다.

사무실 풍경이 익숙해지고 업무가 손에 익을 무렵 사람들과도 가까워졌다. 특히 조연출, 취재 작가들은 야근이 당연하고 주말 출근도 잦았기 때문에, 팀이 달라도 자연스럽게 돈독해질 수밖에 없었다. 입사한 지 두 달쯤 지난 어느 저녁, 모처럼 비슷한 시간에 업무가 끝난 타 팀 동료들과 술자리를 가지게 되었다. 맥주잔을 부딪치며 저마다의 고충을 두런두런 나누는 와중에 문득 사람들 속에 편안하게 섞여 있는 내 모습을 자각했다. 조바심에 종종거리던 시기가 분명 있었는데, 어느새 그 시간은 지나가 버린 듯했다.

첫 출근 날이 떠올랐다. '다시 그날로 돌아간다면 넉살 좋게 옆 팀 취재 작가에게 다가가 먼저 말을 걸 수 있었을까?', '혼자서 가뿐히 몸을 일으켜 매점에 다녀올 수 있었을까?' 아무리 생각해 봐도 그럴 수는 없을 것 같았다. 그때 깨달았다. 처음부터 구성원 사이에 유쾌하게 스며드는 사람도 분명 있을 테지만, 나는 그런 이들과는 거리가 멀다는 사실을. 주어진 일에 소홀하지 않으면서 사람들에게도 마음의 문을 열어둔다면, 조직에 자연스레 녹아드는 일에 필요한 시간은 두 달이었음을.

이후 네 번의 이직을 했다. 새로운 공간, 낯선 얼굴, 경험한 적 없는 업무를 떠올리면 첫 출근은 언제나 설렘보다는 긴장이 앞섰다. 그럴 때마다 나는 그날의 기억을 떠올리며 속으로 되뇌었다.

두 달만 지나면 편안해질 거야.

일명 '두 달의 법칙'은 사람에게도, 일에도 제법 잘 통했다.

첫 만남에 눈을 마주치고 웃으며 인사를 건네면 호기심 어린 눈으로 환대하는 사람들이 대부분이었지만, 경계하는 표정으로 묘한 텃세를 부리는 사람도 있었다. 한번은 이미 퇴사한 전임자의 업무를 대신해 알려주기로 한 사람이 나를 영 달가워하지 않았다. '경력직이라면 알아서 해야지' 하는 태도였다. 하던 일이야 그렇다 쳐도, 행정 시스템이나 보고 체계처럼 회사마다 다른 부분은 물어보는 수밖에 없었다. 하는 데까진 혼자 해보고 궁금한 점들을 모아 질문했다. 그럴 때마다 퉁명스러운 얼굴을 마주하는 건 쉽지 않았지만, 이 또한 시간이 해결해 줄 것이라 믿었다. 주눅 들지 않고 간식거리가 생기면 찾아가 나누고, 매일 웃으며 감사 인사를 건넸다. 그랬더니 머지않아 무표정한 얼굴이 조금씩 풀려 갔고,

그 사람과는 사소한 일상까지 공유할 정도로 가까운 사이가 됐다.

어느 날은 막막한 업무 인수인계서를 열어 보고 도망가고 싶은 마음이 들었다. '이렇게 다양하고 많은 일을 혼자서 해야 한다고?' 마음을 다잡고 걱정할 시간에 해 보자는 생각으로 하나씩 하다 보니 생각보다 금방 끝나는 일도, 생각보다 여유롭게 처리할 수 있는 일도 있었다. 어느 정도 일이 손에 익고, 경중을 체득하다 보면 업무의 템포를 조절하는 것도 가능해졌다.

그렇다고 두 달이라는 시간이 모든 면에서 만능은 아니었다. 협업을 통해 하나의 결과물을 내야 하는 일인데 끝까지 방어적이고 수동적인 태도로 일관해 어려운 관계도 있었고, 준비하던 행사의 명칭을 사흘 전에 바꾸라는 말도 안 되는 지시가 뚝뚝 떨어질 때도 있었다. 다만, 끝까지 차가운 표정이 돌아오는 사람은 원래 그런 사람이라는 것을 알게 됐고, 대책 없는 업무량에 벼랑 끝에 몰린 것 같을 때 하루 정도 미루어 두어도 세상이 무너지지 않는다는 사실을 알게 됐다.

아, 처음 출근한 사람을 혼자 남겨두는 일이 흔한 경우가 아니라는 것도.

생각해 보면 나는 애초에 무언가를 시작하고 누군가와 가까워지는 데 능숙한 편이 아니었다. 그동안 나는 관계의 속도를 의식하지 않아도 비슷한 성향의 사람들과 자연스레 가까워지고 친해졌다. 하루가 걸릴 때도, 몇 달이 걸릴 때도 있었지만 기간이 중요하지는 않았다.

하지만 회사에서는 이러한 성격이 적합하지 않다고 여겼다. 그래서 작은 일 하나에도 조바심을 냈고, 아무리 애쓴다 한들 나아지지 않는 하루를 보내고 난 뒤엔 스스로에 대한 회의감이 들었다. 나에게 어느 정도의 시간이 필요하다는 것을 알게 된 후에는 스스로 덜 다그치게 되었다.

어쩌면 '두 달의 법칙'은 적응의 공식이 아니라, 진짜 나와 일하는 나 사이의 간극을 인식하고 메워주는 시간이었는지 모른다. 낯설고 날 선 마음이 제자리를 찾는 시간. 그 시간을 지나고 나면 새로운 공간과 사람, 업무에 맞는 나를 발견하게 되는 것이다. 내게 필요한 시간을 알게 되니 자연스럽게 회사도 다른 사람들도 저마다의 속도가 있음을 깨닫게 됐다. 빠름과 느림은 결국 상대적인 것. 그동안의 경험이 쌓이면서 내가 좋아하는 일은 무엇인지, 나와 맞는 회사는 어떤 곳인지도 조금씩 알아갈 수 있었다.

어느새 직장 생활을 시작한 지 13년 차가 된 나는, 조금 다른 첫 출근을 앞두고 있다. 1년 3개월간의 육아휴직을 끝내고 다시 일터로 돌아가야 할 때가 되었기 때문이다.

주변의 이야기를 들어보면 복직 후에는 한동안 메일을 보내거나 기안을 올리는 단순한 업무에서도 실수를 한다고 한다. 그럼에도 일하는 나를 되찾기까지 어떤 시간이 기다리고 있을지 두렵기보다는 기대가 된다. 익숙함과 생경함이 뒤섞인 시간 속에서 또 한 번 나만의 속도를 찾아갈 수 있으리라 믿는다. 천천히 나를 성장시킨 두 달의 법칙 덕분에, 이제는 어떠한 시작도 두렵지만은 않다.

좋은 사람이라서요

정모래

정모래

겉은 딱복처럼 단단해 보이지만 속은 촉촉하다 못해 물복처럼 몰랑한 N년째 인프제 ㅅ. 제주에서 독립출판 브랜드 '이응이응프레스'를 운영하고 있으며, 『나에게 안녕을 묻는다』, 『사랑이 아니면 무엇이겠니』를 썼다.

"이 균열에 대한 끝없는 고뇌가 결국 나를 우울이라는 늪으로 끌어들인 건 아닐까. 의중을 도무지 알 수 없는 사람으로, 쉴 곳이 없는 사람으로, 나조차도 나를 모르는 사람으로 만들어 버린 것은 아닐까. 내가 나 스스로를 그렇게 내버려둔 건 아닐까."

처음 INFJ(인프제) 앤솔러지 제안을 받았을 때 흥미로운 기대감도 잠시, 나는 한동안 고민에 빠졌다.
내가 INFJ라고 할 수 있을까?

지금까지 내 MBTI 유형이 여러 번 바뀌어 왔기 때문에 순정 INFJ에 대한 의구심이 먼저 들었던 것이다(물론 가장 오래 유지하고 있는 유형이 INFJ이긴 하지만). 그 의심이 싹트게 된 건 집 정리를 하다 우연히 꺼낸 '보물 1호' 상자 때문이었다. 일기장, 편지, 영화표까지 초등학생 때부터 하나도 빠짐없이 모아 둔 상자였다. 그 상자 속에는 10여 년 전의 내 MBTI 검사 결과지도 들어 있었다. 지금처럼 MBTI가 유행하기 훨씬 전이었는데도 어릴 때부터 심리에 관심이 많았으니 그럴 법도 했다.

20대의 나는 ENFP(엔프피)였다. 소위 '인싸의 대명사'라 불리는, 지금의 나로서는 결코 상상할 수 없는 유형. 그 시절의 나는 참 맑고, 밝고, 쾌활한 사람이었다.

성격 좋다는 칭찬을 많이 들었고, 옆에는 언제나 친구들이 있었다. 음주가무를 좋아했고, 친구들과 놀든 과제를 하든 그저 열심히 했던, 평범한 20대 대학생이었다.

그런 나에게도 균열이 생기기 시작했다. 언제부턴가 마음 깊은 곳에서 '자아'에 대한 번민이 자리하고 있던 것이다. 졸업을 앞두고 한창 진로 고민을 할 시기였지만 나는 내 성격에 더 관심이 쏠렸고 궁금한 점도, 의아한 점도 너무 많았다.

지금도 또렷이 떠오르는 순간이 있다. 친구들과 놀다 헤어질 시간이 되어, 다 함께 지하철 플랫폼으로 향하던 어느 주말 저녁이었다. "집 도착하면 연락해", "다음에 또 밥 먹자", "조심히 가!"와 같은 흔한 인사를 주고받으며 손을 흔든 뒤, 나는 그들과 반대 방향 노선으로 내려갔다. 그때 인파 속에서 불현듯 몰려왔던 공허함을, 스크린 도어에 비친 내 모습을 지금도 기억하고 있다. 일순 무표정해진 나의 얼굴을. 피부에 와닿던 지하철 안의 꿉꿉한 공기를.

즐거운 여운이 남아야 하는데, 왜 허탈했을까. 나는 그날의 감정에 대해 자주 생각했다. 그렇다고 그 만남들이 다 재미없고 부질없었냐, 하면 그것도 아니었는데.

막상 만나면 신나고 재미있게 놀았었는데. 그 시절 친구들과의 만남 후 내가 느꼈던 감정은 대체로 이런 식이었다. 늘 나를 따라다니던 허무함. 겉으로는 웃고 떠들었지만 속은 이상하게 텅 비어 있는 기분을 느낄 때가 많았다. 하지만 내 기분을 밖으로 표출하거나 티를 낸 적은 없었다. 나를 명랑하고 발랄한 사람으로 생각하는 친구들의 기대를 저버리고 싶지 않았던 것 같다. 그 감정의 정체를 나는 오래도록 '가면'이라 불렀다.

내 속엔 내가 너무도 많아서
당신의 쉴 곳 없네
내 속엔 헛된 바램들로
당신의 편할 곳 없네

내 속엔 내가 어쩔 수 없는 어둠
당신의 쉴 자리를 뺏고
내 속엔 내가 이길 수 없는 슬픔
무성한 가시나무 숲 같네*

*조성모, <가시나무>, 2002

이 노래 가사처럼 예전에도, 지금도 내 속에는 너무도 많은 '나'가 살고 있는 것 같다. 마치 지킬과 하이드가 내 안에 공존하는 느낌. 그게 자연스러운 생존 본능이라는 걸, 누구에게나 그런 면이 있다는 걸 이미 깨달은 사람도 있겠지만, 나는 어릴 때부터 내가 쓴 '가면'에 대한 회의감으로 잠 못 이루던 날이 많았다.

　'가면'이 곧 '가짜'라는 생각이 들었고, 가짜로 사람을 대하는 내 모습이 '가식' 같아서 스스로 거북하게 느껴질 때도 있었다. 라이트하게 사는 사람은 이 문제에 큰 의미를 두지 않겠지만, 나는 애석하게도 딥한 사람이었으니까.

　돌이켜보면, 아마 그즈음부터 내 MBTI 유형이 E에서 I로 바뀐 게 아니었을까 싶다. 그도 아니면 원래 I였던 내가 친구들 사이에서 소외되지 않기 위해 E라는 가면을 썼는지도 모르겠다. 외향적인 성격은 좋은 성격, 내향적인 성격은 소심하고 안 좋은 성격으로 구분 짓던 시절이었으니, 나 역시 어린 마음에 사람들이 칭송하는 '좋은 성격의 사람'으로 보이고 싶었을지도.

　혹, 이 균열에 대한 끝없는 고뇌가 결국 나를 우울이라는 늪으로 끌어들인 건 아닐까. 의중을 도무지 알 수 없는 사람으로, 쉴 곳이 없는 사람으로, 나조차도 나를 모르는 사람으로 만들어 버린 것은 아닐까. 내가 나 스스로를 그렇게 내버려둔 건 아닐까. 그 어린 나이에, 참 딱하기도 해라.

    대학을 졸업하고 직장인이 된 뒤 나의 MBTI 유형은 철저히 사회화된, 학습된 유형으로 또 한 번 바뀌었다. 주로 F에서 T로 바뀌었는데, 의도적인 변화가 아니라 순전히 나를 지키기 위한 본능적인 투쟁에 가까웠다. 한국 사회에서 어떤 조직의 일원이 된다는 건 '본래의 나를 버리고(혹은 숨기고) 조직이 요구하는 새로운 나로 살아야 하는' 일종의 계약과도 같다. 근로계약서에 적혀 있지는 않지만 연봉에 당연히 포함되는 것으로 여겨지는 암묵적 계약. 근로자로서 응당 해야 하는 관례 같은 것임에도 나는 억지로 숙제를 하는 것처럼, 맞지 않는 옷을 입은 것처럼 늘 불편했다. 그 불편함이 임계치를 넘어 괴로움의 영역으로 들어가게 되고 끝내 자발적 퇴사로 이어지는 과정을 나는 번번이 겪어 왔다. 제 발로 걸어 나왔지만 어쩐지 조직에서 뱉어져 나온 기분을 느끼는 것까지 포함이었다.

    조직에 소속된 나는 겉으로는 멀쩡하게 일하고 무난하게 소통하는 것처럼 보인다. 하지만 불편한 것들을 꾹 참고 하고 싶은 말을 삼키며 매일 웃는 얼굴로 밝은 척하는 게 영 쉽지 않았다. 편하지 않은 환경, 편하지 않은 사람들 사이에서 하루 중 가장 많은 시간을 보내는 것 자체로도 충분히 고역이었으니까. 겉은 웃고 있지만 티를 내지 않으려고 안간힘을 쓰느라 속은 문드러질 때가 많았다. 불편한 것들을 참지 않고 하고 싶은 말을 하면서 직장 생활을 했다면 내 마음이 조금은 덜 다쳤으려나. 내가 그렇게 할 수 있는 깡다구나 있을까. 좋은 게 좋은 거라고, 좋은 것들을 좋게 유지하기 위해 했던 선택들이 내 마음은 하나도 좋게 만들지 못했다. 끝내 조직에서 뱉어져 나온 날, 엘리베이터 거울에 비친 내 모습은 그날의 나와 무척이나 닮아 있었다.

넷플릭스 시리즈 「더 글로리」 이야기를 하고 싶다. 동은(송혜교)과 현남(염혜란)이 죽음을 공모하며 서로의 상처와 아픔을 치유해 가는 이 드라마에서 나는 유독 현남에게 마음이 쓰였다. 남편의 폭력에서 도망칠 자신도, 맞서 싸울 용기도 없는 무력한 인물. 고통스러운 그 상황조차 타성에 젖어 스스로를 탓하는 게 익숙해져 버린 인물. "이래서 내가 맞고 사나", "난 왜 이 모양인지……"라며 습관적으로 자책하는 현남에게 어느 날

동은이 말한다.

"좋은 사람이라서요."

마치 살면서 따뜻한 말을 처음 들어 보는 사람의 표정을 하고 동은을 바라보던 현남의 얼굴이 오래도록 기억에 남았다. 그리고 동은이 말한 '좋은 사람'은 어떤 사람인지 한참을 곱씹어 봤다.

나는 ENFJ(엔프제)나 INFJ 유형을 내 멋대로 '좋은 사람'이라고 부른다. ENFJ는 과거의 나, INFJ는 현재의 나이기 때문이다. 그럼 나는 좋은 사람이냐, 하면 꼭 그렇지도 않다. 'INFJ'라는 사회적 가면을 쓴 나는 좋은 사람처럼 보일 수 있겠지만, 나만 알고 있는 '진짜 나'는 좋은 사람이라고 단정할 자신이 없다. 이만하면 나쁘지 않지, 싶다가도 어쩌면 이렇게까지 치사하고 옹졸할까, 싶어 스스로를 폄하할 때도 있으니까. 실은, 상처받기 겁이 나 먼저 벽을 치는 내가 가엽다고 생각하면서. 그런 나를 감싸고 싶은 마음이 일면 숨어 있으면서.

나는 나뿐만 아니라 다른 사람에게도 '왜?'라는 물음표를 붙여 생각하는 경향이 있다. 사람의 마음을, 생각을, 행동을 온전히 이해하고 싶은 욕심 때문이다. 때로는 이해하려 하지 말고 있는 그대로 받아들이고 흘려 보내도 될 텐데. 다른 사람에게 붙은 질문은 관용 정도로 마무리되는 반면, 안타깝게도 나에게 붙은 질문은 대개 힐난으로 끝났다. 생각이 꼬리에 꼬리를 물고 다른 하나의 생각을 데리고 와 내 머릿속은 늘 실타래처럼 엉켜 있었다. 그래서 혼자 머리를 싸맸던 날이 많았다. 오죽하면 엄마가 '네 뇌도 참 불쌍하다'며 장난삼아 얘기했을까. 타인에게는 관대하면서 정작 나에게는 회초리를 들고 언제든 체벌할 준비가 돼 있는 학생 주임 선생님처럼 굴었다.

30대가 된 후 쭉 INFJ로 살고 있는 지금은 '가면 밖의 나'를 만들어 내는 데도 엄청난 에너지가 든다는 걸, 구태여 사람들에게 좋은 사람으로 보일 필요가 없다는 걸 깨달았기에 적당량의 에너지만 쏟을 줄 알게 됐다. 각자만의 방식대로 살면 그만이라는 것, 사실 살아가는 방식에 정답은 없다는 것도. MBTI 유형에 정답이 없는 것처럼.

이제는 어딘가에 나를 억지로 끼워 맞추려 애쓰기보다 있는 그대로의 나를 받아들이고 인정하기로 했다. 나는 내 생각보다 나약하기도, 단단하기도 하다고. 나는 내 생각보다 좋은 사람일지도 모른다고. 그게 가장 '나다운' 것이라는 생각이 든다. 진짜의 모습이든 가짜의 모습이든 모두 나의 한 부분이니까. 그리고 더는 회초리를 들고 복도 끝에 서 있지 않으려 한다. 스스로를 향한 '대체 왜?'라는 비난 섞인 물음에도 조심스레 답하는 연습을 해 보려 한다. 현남에게 포근히 건넨 동은의 위로처럼, 회초리 대신 사랑을 품에 한가득 안고서.

"(저는) 좋은 사람이라서요."

프리즘

정현지

정현지

1인 출판사 '선과 여백'을 운영하며 숨 고를 여백(白)이 있는 책을 만듭니다. 산문집 『마음을 안는 마음』과 여행 에세이 『퇴사 후, 치앙마이』, 『엄마, 은경』을 펴냈습니다.

"프리즘을 통과한 빛처럼 무너진 순간과 흔들린 하루에도
저마다의 색이 깃들어 있음을 담담히 받아들인다.
그 모든 형상이 나의 진실한 삶의 풍경임을 받아들이고
인정하고 나서야 오늘의 나를 온전히 바라볼 수 있게 되었다."

현관문을 열자 어둠이 쏟아져 나온다. 어둠을 몰아내고 싶지 않아, 작은 센서 등에 기대어 신발을 벗고 방 안으로 들어간다. 종일 어깨를 짓누른 노트북과 책이 담긴 가방을 현관 앞에 내려놓는다. 코트만 옷걸이에 걸어두고 침대에 몸을 누인다. 옷이 구겨지고 긴 머리카락이 얼굴에 붙어 숨쉬기를 방해하지만 개의치 않는다. 책상 위에는 아침에 미처 챙기지 못한 텀블러가 그대로 놓여 있고, 바닥에는 치우지 못한 머리카락이 나뒹굴고 있다.

침대 옆 작은 선반 위에 놓인 탁상시계를 보니 밤 열한 시다. 아홉 시에 들어왔으니 두 시간은 지난 셈이다. 그동안 나는 무엇을 했을까. 저녁을 거르고 씻지도 않은 채 천장 아래 겨우 숨만 고르고 있다. 열 시간 넘게 아무것도 먹지 않아 속이 뒤집힐 듯 울렁거리지만 몸을 일으킬 수 없다. 일정한 간격으로 부지런히 움직이는 초침 소리만 들리는 방. 그 소리를 뚫고 오늘 만난 지인의 말이 메아리처럼 돌아온다.

"현지 씨랑 같이 있으면 제 마음까지 편안해져요.

차분해서 그런 것 같아요. 말도 천천히 하고, 뭘 하든 서두름이 없잖아요. 흐트러진 모습을 한 번도 본 적이 없어서 신기하기도 하고요. 저도 항상 정갈함을 유지하고 싶은데 그게 참 어려운 일이더라고요. 지난번에 현지 씨가 검정 양말을 신고 온 걸 봤는데 양말에 먼지 한 톨 없더라고요. 어떻게 하면 그런 사소한 부분까지 신경 쓸 수 있는 거예요? 양말까지 말끔한 사람은 처음 봤어요."

그런 말을 들을 때면 마땅한 대답이 떠오르지 않아 옅은 웃음이나 아니라는 소심한 부정으로 대신한다. 그리고 그 웃음 뒤에는 늘 작은 균열이 생긴다. 씻지도 않은 몰골로 구겨진 옷 그대로 침대 위에 무너져 있는 사람을 정돈된 사람이라 부를 수 있는 걸까. 지금 이 순간의 나는 정갈하지도, 단정하지도 않은, 그저 무너져 있는 한 인간일 뿐인데. 이런 모습을 보고도 그는 여전히 같은 말을 전할까.

유년 시절부터 타인의 시선을 지나치게 의식하며 살아왔다. 집에서는 칭찬을 좀처럼 듣지 못했다. 잘한 일보다 부족한 점이 먼저 지적되는 날들이었다. 그래서

였을까. 그 시절의 나는 나를 따뜻하게 바라봐 주는 어른들의 한마디에 유난히 목마른 아이였다.

초등학교 2학년 때였나, 교내 글짓기 대회에서 상을 받은 적이 있다. 담임선생님이 상장을 들고 교탁 앞에 서서 미소를 머금은 목소리로 내 이름을 호명했다. 친구들의 시선이 일제히 내게 쏠렸고, 나는 떨리는 손끝으로 상장을 받았다. 자리로 돌아오는 사이 친구들의 박수와 장난기 어린 환호 소리가 터져 나왔다. 그 순간의 들뜬 공기, 선생님과 친구들이 건넨 따뜻한 시선이 지금도 생생하게 떠오른다.

어찌 된 일인지 반에서 혼자 중간고사 과학 과목 만점을 받아 선생님께 잘했다는 말을 들었을 때도, 그 짧은 한마디가 한 해 동안 나를 지탱해 주었다. 단순한 칭찬이 아니라 애정 어린 시선으로 바라봐 주는 사람이 있다는 사실이 어린 마음에 그 무엇보다 든든한 응원으로 다가왔던 것이다. 그때 처음으로 누군가에게 인정받고 있음을 선명히 감각했다. 그 이후로 또 다른 칭찬에 목말라 더 치열하게 공부하고, 사소한 일에도 최선을 다해야 한다고 스스로를 다그쳤다. 그들의 기대를 저버리지 않겠다고 다짐하며, 무엇이든 잘하는 아이로 기억되기를 바라며 유년의 한 시절을 건너왔다.

성인이 되어서도 별반 다르지 않았다. 의지와는 무관하게 상대의 의중을 파악하려는 예민한 기질은 커져만 갔다. 누군가 내게 기대하는 이상적인 모습을 알아차리면 그 마음을 충족시키려 부단히 애썼다. '정갈하다'라는 말을 들으면 그 사람 앞에서는 수시로 옷매무새를 다듬었고, '성실하다'라는 말을 들으면 성실한 모습을 한 번이라도 더 보여주려 했다. 약속 장소에 먼저 도착하거나 마감일보다 훨씬 앞서 과제를 제출하면서.

이런 행동이 거듭되다 보니 어느 순간 삶 전체가 무대로 보였다. 나 자신이 관객의 기대에 맞춰 배역을 바꿔가며 살아가는 연극배우 같다는 생각을 지울 수 없었다. 그런 마음이 들수록 점점 집이라는 무대 뒤편으로 숨어들었다. 현관에 들어서자마자 허물 벗듯 가방을 바닥에 내던지고, 칠 평 남짓한 작은 방 안을 뒹굴며 휴대전화만 만지작거리곤 했다. 그러다 아무것도 이루지 못한 하루에 죄책감이 들 때면, 목이 다 늘어난 색 바랜 티셔츠에 모자를 깊게 눌러쓰고 동네 이곳저곳을 정처 없이 돌아다니다 다시 집으로 돌아오곤 했다.

가까운 이들은 오히려 그런 내 모습이 보기 좋다고 했다. 한 번은 고등학교 동창이 말했다. 현지 너는 부지

런하고 늘 정돈돼 있으니 집도 먼지 하나 없이 깨끗할 것 같다고. 친구의 말을 듣는 순간, 한 장면이 머릿속을 스쳐 지나갔다. 불 꺼진 방 침대 위에 쓰러져 있는 한 사람이. 너저분한 방 안 풍경이. 나는 말했다. 네가 생각하는 것만큼 나는 올곧은 사람이 아니라고. 해야 할 일들을 부지런히 미루고 널브러져 있을 때도, 종일 누워 있느라 무엇도 해내지 못한 채 시간만 허비할 때도 많다고.

"그래? 의외다. 사실 가끔은 너한테 거리감이 느껴지는 순간이 있었거든. 우리가 알고 지낸 세월이 십 년이 넘었는데도 한 번도 흐트러진 걸 본 적이 없으니까. 그런데 이렇게 얘기해 주니까 고맙고 반갑네. 나랑 같은 세계에 있는 사람 같아서."

그동안 무르고 연약한 이면을 부끄러움이라 치부하며 감추기에 급급했다. 그런데 친구는 마치 귀한 보물이라도 발견한 듯 눈을 반짝이며 반겨주었다. 친구의 '의외다'라는 말 속에는 허물어진 벽 갈라진 틈 사이로 비로소 드러낸 또 다른 나의 얼굴에 대한 환대의 마음이 담겨 있던 건 아니었을까.

첫인상이 차갑다는 말을 종종 듣는다. 말수가 적고 낯가림이 심해 낯선 자리에 놓이면 굳어버리는 몸과 마음 탓일까. 그러나 가까운 이들 앞에서는 소소한 농담에도 쉽게 웃음을 터뜨리고 허둥대는 모습을 스스럼없이 드러낸다. 첫인상과는 다른 면들. 그 차이가 만들어 내는 간극에 스스로를 겉과 속이 다른 사람이라 여겼다. 겉과 속. 무대와 무대 뒤편. 그 경계에서 아슬아슬한 줄타기를 하듯 흔들리며 자신을 의심해 왔다.

여전히 타인의 시선에 민감하다. 그들이 기대하고 스스로 생각하는 이상적인 모습을 보여주고 싶은 욕망에서 완전히 벗어나지는 못했다. 아마 평생 그럴 것이다. 그리고 앞으로도 이따금 무너질 것이다. 성실하게 주어진 삶을 영위하다가도, 숨 고르는 소리만 들리는 불 꺼진 방의 적막 속에서 흰 천장만 바라보며 누워 있을지도 모른다.

동네 단골 카페 구석 자리에 앉아 챙겨 온 시집을 읽고 있던 여느 날과 다름없는 오후였다. 커피를 마시며 고개를 들었는데, 유리창을 통해 들어온 햇살이 옆 테이블 다리와 바닥 위에 작은 무지개를 수놓고 있었다. 하얀빛이 붉고 노랗게, 그리고 푸른빛으로 흩어지며 조용히 반짝였다. 그 순간 프리즘이라는 단어가 떠올랐다. 빛은 프리즘을 통과하면 단일한 색이 아니라 무수한 스펙트럼으로 흩어진다. 한 사람의 삶 또한 그러하지 않을까. 단면만으로는 한 사람의 모든 것을 표현할 수도, 가늠할 수도 없으니 말이다.

나는 성실하면서 게으르다. 단단하면서 무르고, 혼자 있고 싶지만 사람들과 함께하는 시간 속에서 생동한다. 자주 무너지고, 자주 일어선다. 모난 곳 없이 매끄럽게 다듬어진, 거칠게 패인, 햇빛에 닳아 빛바랜, 바람에 깎인 모든 형상이 모여 지금의 나를 만들었다.

프리즘을 통과한 빛처럼 무너진 순간과 흔들린 하루에도 저마다의 색이 깃들어 있음을 담담히 받아들인다. 그 모든 형상이 나의 진실한 삶의 풍경임을 받아들이고 인정하고 나서야 오늘의 나를 온전히 바라볼 수 있게 되었다. 그렇게 오늘이라는 시간을 조금은 가볍게, 조금은 다정하게 바라보며 나는 나 자신과 조용히 마주 앉는다.

인프제 플레이리스트 — 저자별 추천곡
 1. 나와 잘 어울리는 음악
 2. 힘들 때 들어보길 권하는 음악

순 정   1. WOODZ — 심연
 2. 김영근 — 탈진

이 혜   1. 요조 — 보는 사람
 2. 곽진언 — 나랑 갈래

소 원   1. wacci — どんな小さな
 2. 윤하 — 기도

이택민   1. 릴러말즈 — 좋은 사람
 2. 김수영 — 사랑하자

정재이   1. 규현 — 바람
 2. 룰라 — 3!4!

썸 머   1. 치즈 — 퇴근시간
 2. 원슈타인 — 달팽이 2

강민경   1. 화사 — Good Goodbye
 2. 자우림 — 스물다섯, 스물하나

장혜영　　1. 카더가든 — Home Sweet Home
　　　　　　2. 치즈 — 어떻게 생각해

진수빈　　1. 정우 — 옛날이야기 해주세요
　　　　　　2. HWANJI — Truth

김예진　　1. 다린 — 제목 없는 곡
　　　　　　2. 윤지영 — 문득

박수진　　1. 박소은 — 잠에 들어야지
　　　　　　2. 나이트오프 — 그러나 우리가 사랑으로

오수민　　1. Logan Farmer — Sorrowbirds
　　　　　　2. Florence + The Machine — Shake It Out

이새란　　1. 브로콜리너마저 — 좋은 사람이 아니에요
　　　　　　2. 최유리 — 밤, 바다

정모래　　1. 조성모 — 가시나무
　　　　　　2. 마이 앤트 메리 — 락앤롤 스타

정현지　　1. wave to earth — annie.
　　　　　　2. Stephen Sanchez, Em Beihold — Until I Found You

당신은 모르실 거야

발행일	2025년 12월 10일
지은이	순정, 이혜, 소 원, 이택민, 정재이, 썸머, 강민경, 장혜영, 진수빈, 김예진, 박수진, 오수민, 이새란, 정모래, 정현지
펴낸이	이택민
기획·편집	이택민
디자인	선영
펴낸곳	책편사
등록번호	제2020-000027호
이메일	chaekpyunsa@gmail.com
웹사이트	blog.naver.com/readwithpoet
인스타그램	@chaekpyunsa

ISBN 979-11-989568-5-9 (03810)

*책의 내용의 전부 또는 일부를 재사용하려면 저작권자와 책편사의 동의를 받아야 합니다.